101 Tipps für den werdenden Prepper

Vorbereitet für welche Krise auch immer

Dieses Buch ist allen gewidmet,
die dieses Buch am liebsten nie brauchen würden

Holger Eckert

101 Tipps für den werdenden Prepper

Vorbereitet für welche Krise auch immer

Bibliografische Information der Deutschen Nationalbibliothek:
Die Deutsche Nationalbibliothek verzeichnet diese Publikation in der Deutschen Nationalbibliografie; detaillierte bibliografische Daten sind im Internet über http://dnb.dnb.de abrufbar.

© *2014 Holger Eckert*
Illustrationen und Bilder: **Holger Eckert**

Herstellung und Verlag: BoD – Books on Demand, Norderstedt

ISBN: 978-3-7357-8451-3

Inhaltsverzeichnis

Vorwort statt Survival

Prepper, preppen: Von englisch „prepare", also vorbereiten.

Gleich vorab: Es geht hier nicht darum, sich wie Rüdiger Nehberg und andere mit möglichst wenig Ausrüstung durch jedwede Situation zu kämpfen und irgendwie zu überleben. Aber auch nicht darum, was ich von der teuersten und besten Ausrüstung besorgen muss, um möglichst gegen alles gewappnet zu sein. Es geht viel mehr darum, dass, bevor mal eine Krise kommt, jeder weiss, was man mit herkömmlichen Mitteln tun kann, um diese Situation zu überstehen und ansonsten sein Leben weiter zu führen, wie er (oder sie) es gerne hätte.

Dazu gehört eben eine gewisse Vorbereitung und dafür sollte man ebenso wissen, worauf es mindestens ankommt. Nicht jedem ist das bewusst. Des weiteren achte ich darauf, dass man alles irgendwie mit Alltagsgegenständen erledigen kann. Man muss nicht zwingend hochpreisige Hardware kaufen, um gut vorbereitet zu sein. Man *kann* natürlich, denn all diese feinen Dinge von Abenteuer-Messer bis Zeiss-Fernglas sind bestimmt von bester Qualität, aber diese nur im Schrank liegen haben, weil man es sonst nicht verwendet? Ich weiss nicht. Ich bin kein Bushcrafter und kaum ein Abenteurer, habe also weiter keine Verwendung für diese tollen Dinge.

Was kann das nun für eine Krise sein, auf die wir etwas vorbereitet sein wollen? Viele haben sicher schon von diversen Szenarien gehört. Die häufigste wird sein: Stromausfall.

Gründe dafür gibt es leider mehr als man annehmen möchte. Ich zitiere mal einen Abschnitt aus der Wikipedia:

> *"Insgesamt kam es [2011] zu ca. 208.100 Versorgungsunterbrechungen, die von 846 Netzbetreibern an die BNA mitgeteilt wurden. In die Statistik gingen nur solche Unterbrechungen ein, die sowohl unbeabsichtigt waren und länger als 3 Minuten andauerten sowie in die Verantwortung der Netzbetreiber fielen, also nicht durch Unwetter und ähnliches verursacht wurden"*

Das sind 570 Unterbrechungen pro Tag in 2011 gewesen und offenbar noch nicht die ganze Wahrheit, denn unter drei Minuten waren sicher auch einige Ausfälle dabei. Den durchschnittlichen Haushalt wird das nicht weiter stören, aber man kann sich ausrechnen, dass bei einer unglücklichen Addition und Verkettung mehrerer solcher kleinen Ausfälle ein Grosser daraus werden kann. Und wir sind verdammt abhängig vom Strom. Wer Langeweile hat, kann ja mal an einem Freitag oder Samstag Abend alle Sicherungen zuhause rausdrehen und das bis zum nächsten Abend so lassen, am besten im Winter, wo ein Stromausfall auch am wahrscheinlichsten ist…

Kurze Rede, kurzer Sinn: Ich selbst möchte jetzt nicht mein ganzes Leben umkrempeln, völlig autark leben um so auf das Schlimmste vorbereitet sein, indem ich so lebe, als wenn alles schon passiert wäre, aber so ganz unvorbereitet sollte man vielleicht nicht sein. Ein paar relativ einfache Vorbereitungen kann *jeder* durchaus treffen, so dass man nötigenfalls einige Zeit ohne Strom klar kommt. Und am Strom hängt so vieles:

Die Wasserversorgung, die Supermärkte (Kassen, Kühltruhen, Türen…), die eigene Heizung, Telefon und TV, Tankstellen, die Geldautomaten, das Internet, Ampeln, Verkehrsleitsysteme, Schleusen, Versicherungen usw. usf.

Und es muss ja auch kein Stromausfall, kein „Blackout" sein. Vielleicht gibt es bald wieder „nur" den nächsten kleinen Nahrungsmittelskandal, der sich so aufschaukelt, dass man nicht mehr weiss, was man essen soll? Trinkwasserverseuchung? Gasalarm? Flut, Hochwasser, oder gar die angekündigte Polkappenabschmelzung? Vielleicht ist auch aus welchen Gründen auch immer die Verteilung der vorhandenen Lebensmittel regional, Bundes- oder gar Europaweit nicht mehr gewährleistet. Andere Güter wären vielleicht auch betroffen. Man muss nur regelmässig die Nachrichten verfolgen, um die Phantasie anzustossen und kann sofort schlechte Laune bekommen.

Das muss aber nicht sein. Ich habe in diesem Buch versucht, die 101 wichtigsten Tipps zu sammeln (vielleicht sind es sogar ein paar mehr), die einem in einer solchen oder ähnlichen Situation weiterhelfen können. Hier geht es nicht um Feuer machen ohne Streichhölzer, wie man die beste Karnickelfalle aufstellt, welche Tiere man roh essen kann, wie man nur mit einem Taschenmesser überlebt oder gar wie man sich in freier Umgebung tarnt. Nein, hier geht es darum, das eigene Leben mit möglichst allen „zivilisatorischen" Möglichkeiten und Mitteln aufrecht zu erhalten, vor und während einer Krise (soweit möglich).

Ich habe des weiteren versucht, das Buch nach Oberbegriffen zu sortieren, aber natürlich gibt es hier und da bei vielen Themen Überschneidungen. Genauso schwer ist es, nach

Wichtigkeit zu sortieren, hier hilft vielleicht doch die alte Survival-Regel der "drei mal drei":

- ☒ 3 Minuten ohne Luft
- ☒ 3 Tage ohne Wasser
- ☒ 3 Wochen ohne Nahrung

Um Luft sollte man sich selber kümmern, darauf möchte ich hier ungern weiter eingehen. Aber bzgl. Wasser, Nahrung und noch einiges drumrum kann ich hoffentlich einige hilfreiche Tipps geben… Vermutlich kann ich nicht jeden denkbaren Punkt abdecken und werde das auch nicht behaupten, aber ich möchte versuchen, für wesentliche Dinge hilfreiche Tipps zu geben, die vielleicht auch Denkansätze für andere Probleme liefern können. Meistens lässt sich ein Problem so weit reduzieren, dass man es mit Strom, Wasser, Wärme oder vielleicht dem gerade richtigen Ausrüstungsgegenstand lösen kann.

Mein persönlichen Zeitraum für eine Krise hab ich bei ca. 14 Tagen abgesteckt, da gehe ich aber hier und da im Verlauf des Buches noch drauf ein.

Noch was zur Buchgestaltung: Ich habe die etwas grössere Schrift nicht gewählt, um Seiten zu schinden. Sondern damit der Inhalt im dümmsten Fall auch mit einer Taschenlampe noch gut lesbar ist, ist die Schrift auch hoffentlich gross genug dafür. Deswegen sind mitunter zur sauberen Kapiteltrennung auch leere Seiten vorhanden. Mein erster extra nicht mitgezählter Tipp:

Nutzt den freien Raum doch einfach für eigene Notizen…

Zu mir, dem Autor:

Ich war mal Camper mit eigenem Wohnwagen, war vier Jahre Soldat, habe viele Jahre Rasenmäherrennen gefahren, besitze ein Segelboot, fünf Hühner im eigenen Garten samt Gartenteich mit Goldfischen drin sowie eine chaotisch vollgestopfte Garage und ständig neue Ideen, wie irgendwas möglichst günstig (=billig bis kostenlos) umzusetzen sein könnte.

Zum Zeitpunkt, wo ich das hier schreibe, habe ich die 46 Lebensjahre überschritten, habe eine Frau, zwei Söhne und ein eigenes Haus. Ich hatte Grosseltern, die meine Eltern durch den zweiten Weltkrieg und die Zeit danach gebracht haben, die einen riesigen Gemüsegarten hatten, Matjes selber machten und Unmengen Nahrung einkochten. Ich bin nicht unbedingt sportlich, obwohl in meiner Jugend lange Zeit Boxer war, habe ein Handwerk gelernt (bin Schlossermeister), kenne mich recht gut mit "Computern und Internet und son Kram" aus, bekam bei der Luftwaffe die Ehrenmedaille der Bundeswehr, war schon mal auf Seite 2 der Bild-Zeitung und rauche eigentlich zu viel.

Also eigentlich bin ich ein ganz normaler Mensch, wie es viele gibt. Und wir alle wollen doch nur das beste aus allen Situationen machen, die uns so begegnen können. Und eine länger dauernde Krise könnte in der Tat was sein, wo einem das Wissen aus diesem Buch weiterhelfen könnte. Dieses Wissen habe ich jahrelang so nebenbei angesammelt, bis ich eines Tages merkte, dass ich eigentlich ein Prepper bin. Nur eben nicht ganz so radikal und paramilitärisch (kein Bunker, keine Waffenarsenale...), wie Einige manchmal im Fernsehen dargestellt werden. Ich fing dann irgendwann an, dieses Wissen für mich selbst zu notieren und sortieren und dabei dachte ich mir immer mehr: Das könnte doch auch anderen helfen. So ist dieses Buch entstanden, nachdem ich geschaut hatte, ob es nicht schon jemanden gibt, der das viel besser gemacht hat als ich, und bitte möglichst ohne viel Panikmache und Schwarzseherei. Ich habe kein anderes Werk gefunden, zumal ich mich wesentlich auf sachliche, praktische und technische Aspekte und Tipps beziehen möchte und ausserdem durch viele kleine Improvisationen Denkanregungen für Fälle liefern möchte, die man nicht voraussehen kann. Und verzeiht bitte die nicht so schicken Bilder; Fotograf bin ich nicht...

Genug gequatscht, nun gehts los.

Strom

Zum Strom im Allgemeinen habe ich ja schon im Vorwort etwas gesagt, also geht es gleich los mit den Tipps:

Sicherungen Tipp 1

Sollte ein Stromausfall eintreten und man vermutet, dass dauert wohl länger: Schaltet die Sicherungen aus, dann passiert nichts unverhofftes, wenn der Strom auf einmal wieder da ist. (Den Gashahn kann man vielleicht auch zudrehen...)

Freizeit ohne Strom Tipp 2

Ausser Licht wird man, wenn man sich irgend wann daran gewöhnt hat, dass es keinen Strom gibt, kaum noch Strom brauchen.
Fernseher? Videofilme? Pah, ein Buch hat doch wohl jeder daheim (eBooks helfen da aber nur, solange das Lesegerät noch Saft hat). In versammelter Runde kann bestimmt jemand was vorlesen. Und statt Wikipedia und diversen Internet-Foren nehmen wir dann wieder den Brockhaus oder Opas erzählte Erfahrungen.

Freie Zeit ohne Strom Tipp 3

Auch wenn man bei einem Stromausfall etc. vermutlich keiner geregelten Arbeit mehr nachgehen kann, wird man sich über Langeweile nicht sorgen müssen: Der grösste Teil des Tages wird sicher damit verbracht, für das eigene Wohl zu sorgen. Fernsehen werdet ihr dann noch weniger vermissen, eher die gemütlich entspannten Stunden auf der Couch…

Kochen mit Feuer Tipp 4

Kochen mit elektrischer Energie ist dann Luxus, da nehmen wir wie unsere Urahnen Feuer/Kohle. Aber nicht in der Wohnung auf dem Fussboden ein Feuerchen machen! Einen Grill hat wohl jeder? Dann solltet ihr auch immer einen Sack Kohle auf Lager haben. Seid auf jeden Fall besonders sorgsam, schon wegen Funkenflug. Doch ein gutes Feuer macht auch warm. Nach dem Kochen auf Balkon oder Terasse noch eben die Hände über dem Feuer reiben: Wenn man satt und gewärmt ist und mit der Restwärme noch eine Kanne Tee warm kriegt, dann ist man schon fast zufrieden. Auf warme Mahlzeiten komme ich aber an späterer Stelle noch zurück…

Kochen mit Gas Tipp 4b

Die meisten Haushalte kochen (und backen) mit einem E-Herd. Warum nicht bei der nächsten Neuanschaffung über einen Gasherd nachdenken? Elektro-Herde zählen eh zu den grössten Stromverbrauchern im Haushalt, das macht sich also quasi von selbst bezahlt. Die meisten Gasherde kann man sowohl an der im Haus vorhandenen Gasleitung betreiben oder mit einer Propangas-Flasche. Hat man eine solche da, wäre bei einem Stromausfall zumindest das „normale" Kochen weiterhin möglich. Nur die Flamme muss man dann vermutlich manuell anzünden, weil ja der Elektrozünder keinen Saft bekommt...

Camping-Strom Tipp 5

Wer einen Wohnwagen oder gar ein (grösseres) Boot sein Eigen nennt, der weiss, was man mit 12 Volt alles betreiben kann. Das ist fast schon ein Leben ohne Einschränkungen. Kann man im Notfall auf eine 12V-Anlage zurück greifen und hat auch noch die passenden Geräte dazu, dann kann man sich bzgl. eines Blackouts beinah gemütlich zurück lehnen. Wenn man denn den nötigen 12V-Strombedarf auch parat hat oder erzeugen kann. Es lohnt vermutlich nicht, all diese Geräte nur für den Fall der Fälle bereit zu stellen.

Auto-Strom Tipp 5b

Aber wer sich auskennt, der kann das Auto vielleicht nahe an die Wohnung fahren und mit einem geeigneten Kabel für gemütliches 12V-Licht im Wohnraum sorgen. In jedem Auto befindet sich eine Autobatterie, die in den meisten Fällen auch geladen ist. Geeignetes Kabel heisst: Der Kabelquerschnitt darf nicht zu klein sein. Je länger das Kabel und je höher der Strom, der verbraucht wird, desto grösser muss der Querschnitt sein. Beispiel: Für eine 12V-Lampe mit 20 Watt reicht selbst bei 10m Kabellänge ein Querschnitt von 1,5 Quadratmillimetern. Wenn es sechs solcher Lampen sein sollen (120W), muss der Querschnitt schon 4 mm2 betragen. Im Zweifel also schon vorher mal überschlagen, was man betreiben will, ggf. beraten lassen und dann das passende Kabel besorgen. Wir wollen doch kein Kabelbrand riskieren.

Strom-Sicherheits-Tipp 6

Beachtet bitte, dass ich hier nur Denkansätze vermitteln möchte. Der Umgang mit elektrischen Leitungen etc. sollte geübt sein! Selbst 12V kann noch Funken erzeugen, die einen Brand verursachen. Von körperlichen Schäden durch Feuer abgesehen hat man im dümmsten Fall plötzlich kein Dach mehr über dem Kopf und die Feuerwehr hat bei einem Blackout sicher andere Sorgen! Aber einen Feuerlöscher habt ihr sowieso im Haus, richtig?

Taschenlampen Tipp 7

Für Licht gibt es Taschenlampen. Diese kann man auch im Alltag immer wieder gebrauchen. Wenn ihr diverse Modelle verwendet, dann achtet darauf, das möglichst alle den gleichen Batterietyp verwenden. Und ein Paket Batterien kann man auch einfach mal kaufen und einlagern. Denn immerhin 4-6 Jahre halten unbenutzte(!) Batterien ungefähr.

Dynamo-Taschenlampe Tipp 7b

Neulich im Baumarkt habe ich aber auch eine Taschenlampe gesehen, die einen Dynamo eingebaut hat und durch Drücken des Griffes kommt Licht aus LEDs vorn raus... nicht wahnsinnig hell, aber ausreichend und praktisch. Mit einer Hand zu bedienen. Und kostet nur ca. 3 Euro.

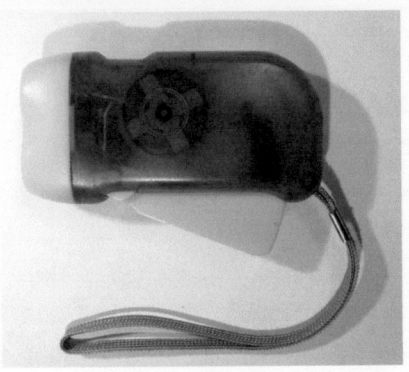

Batterien Tipp 8

Wenn man Taschenlampen etc. regelmässig verwendet, dann kann man die eingelagerten Batterien auch mal durchtauschen. So hat man immer ein frisches Paket in Reserve (gilt eigentlich für alle Vorräte, kann bei einer gewissen Menge aber ein grosser Aufwand werden).

Mehr Batterien Tipp 8b

Die gleichen Batterien sollten dann idealerweise auch ins Radio passen. Radio ist wichtig, denn im Falle einer wie auch immer gearteten Krise können hier wichtige Durchsagen kommen!

Kerzen Tipp 9

Licht ohne Strom? Mindestens jeder, der eine Frau im Haus hat, hat auch Kerzen im Haushalt. Und im Notfall darf man die vielleicht sogar anzünden.

Kerzen sind der Klassiker, wenn es darum geht, etwas Licht in einen Raum zu bringen. Teelichter haben den Vorteil, dass sie nicht "von allein" umkippen können und dass kein Wachs "wegläuft". Wasser bekommt man damit auch warm, wenn auch nicht zum kochen. Um ganz auf Nummer Sicher zu gehen kann man diese Teelichter in Gläser stellen, ist ja eh ein gängiges Deko-Mittel.

Fahrradgenerator Tipp 10

Autobatterie leer? Warum diese nicht mit dem Fahrrad laden? Entweder man baut kurzerhand die Lichtmaschine aus dem Wagen, oder man besorgt sich beizeiten eine gebrauchte "LiMa", eine aus einem Kleinwagen reicht. Ein Fahrrad hat doch wohl jeder? Nun muss man dieses nur noch hinten aufbocken, so dass das Hinterrad frei drehen kann. Kann man das nicht selbst, hilft einem bestimmt die nächste Schlosserei. Ein Holzgestell ist sicher auch möglich. Auf Kippsicherheit achten! Die meisten gebrauchten LiMa's haben noch eine Riemenscheibe auf der Welle montiert, mit wenigen Zentimetern Durchmesser. Eine Lichtmaschine liefert (ungefähre Angaben!) bei ca. 1700 Umdrehungen 60% ihrer Maximalleistung (neuere Generatoren sind schon besser und bringen da volle Leistung). Bei einer kleinen Lima mit 36

Ampere sind das immerhin noch gute 20A. Aber erreichen wir diese Umdrehungen? Lass uns mal etwas rechnen:

- ☒ Lichtmaschine Riemenscheibe Durchmesser: ca 5cm
- ☒ Fahrrad 28" Hinterrad Durchmesser: gute 70cm
- ☒ Ergibt ein Verhältnis von 1:14 (Bei einer Radumdrehung dreht sich die Lima 14 mal)

Ein Durchschnittsmensch hat eine Trittfrequenz von ca. 60 Umdrehungen pro Minute. Die Kette läuft meist auf einer Übersetzung von 3:1. Also dreht sich die Lima 14 x3 mal so schnell: 2520 Umdrehungen.

Das ist nun einiges höher als die oben angegebenen 1700 Umdrehungen. Es handelt sich hier aber nur um einen theoretischen Wert, der in der Praxis wegen diversen Verlusten kleiner ist. Dafür muss man auch nicht immer ganz so kräftig in die Pedale treten. Was nützt einem die Tüftelei für mehr Umdrehungen an der Lichtmaschine, wenn man danach an den Pedalen zuviel Kraft aufwenden muss? Denn Drehzahl und Drehmoment stehen sich in direkter Abhängigkeit gegenüber, irgendwo muss die Leistung, die in die Autobatterie fliessen soll, ja her kommen. Also, wem das so reicht, der kann sich einfach eine Halterung für die Lichtmaschine an die Hinterradstütze bauen (lassen), so dass diese gut gegen den Mantel gepresst wird (ähnlich wie beim klassischen Dynamo) und kann damit seiner Autobatterie wieder etwas Energie zuführen. Achtet auf die Drehrichtung der Lichtmaschine. Irgendwo ist auf dem Gehäuse oder dem Lüfterrad ein Pfeil aufgedruckt. Dem entsprechend müsst ihr die Montage links oder rechts vornehmen. Die erzeugte Energie wird natürlich letztlich durch den strampelnden Menschen erbracht und dieser bekommt dann ggf. eine Sonderration Nahrung :)

Nebentipp:

Den Hinterreifen ordentlich fest aufpumpen, das erhöht den Anpressdruck und damit den Wirkungsgrad unseres kleinen Kraftwerkes, da ansonsten der Reifen eher durchrutschen kann.

Anschlüsse der Lichtmaschine

Leider gibt es hier kein einheitliches System, aber meistens sind das folgende:

Für den Plus-Kontakt: B+, Batt, /30 oder einfach nur +

Für den Minus-Kontakt: D-, B-, oder 31

Lichtmaschinen-Regler

Alle gängigen Lichtmaschinen haben bereits einen Regler direkt angebaut. Dieser ist wichtig, weil die Lima eigentlich Wechselstrom erzeugt, wir aber Gleichstrom benötigen.

Nun kann man die beiden oben genannten Kontakte mit einem geeigneten Kabel an die Batterie anschliessen und Strom erzeugen.

Folgende Skizze hab ich mal gefertigt, um das grundlegende Prinzip zu veranschaulichen. Das Fahrrad hab ich auf den Hinterreifen reduziert. Ja, das Bild ist nicht toll, aber vielleicht hilft es ja jemandem.

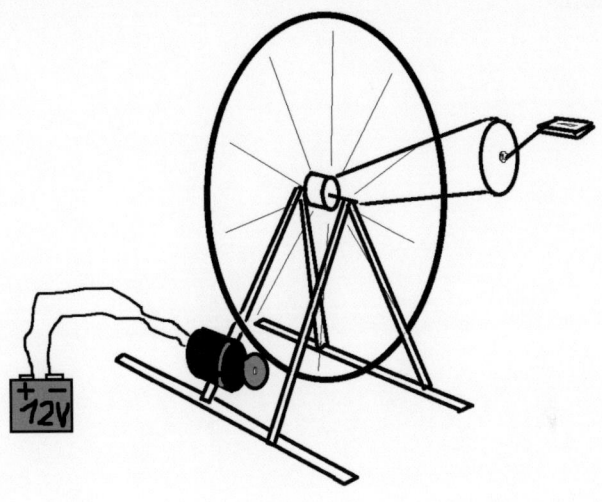

Zum Testen kann man ja mal wechselweise mit und ohne angeschlossene Batterie in die Pedale treten. Mit Batterie ist der Stromkreis geschlossen, es fliesst Strom und man sollte einiges mehr an Widerstand spüren als wenn die Lichtmaschine nur mitdreht, ohne Strom zu erzeugen.

Notizen:

Wasser

Im Alltag ist Wasser so elementar, dass man gar nicht mehr merkt, wie oft wir es gebrauchen. Selbst für die Toilettenspülung verwenden wir Leitungswasser. Hier gleich der erste Wasser-Tipp:

Wenn man merkt, dass das Wasser nicht mehr wie gewohnt aus dem Hahn kommt: Nicht mehr auf Klo spülen! Im Spülkasten befinden sich einige Liter Wasser, die man auch für bessere Dinge verwenden kann. Wie viel Frischwasser jeder benötigt, ist schwer zu sagen. Berichte von Menschen, die z.B. lange Zeit auf See verbracht haben (Weltumsegler etc.) schwanken zwischen 1,5 und 3 Liter je Mensch und Tag. Im Extremfall geht sicher auch weniger und ggf. muss man bei knappen Vorräten gleich von Anfang an gut rationieren.

Badewanne Tipp 11

Oft hört man den Tipp, bei einer drohenden Katastrophe schnell die Badewanne voll laufen zu lassen. Gute Idee, wenn man es rechtzeitig macht. Ich bin mir nicht sicher, ob man immer 10 Minuten Vorwarnung bekommt, wenn gleich die Wasserversorgung zusammenbrechen wird.

Wasserrohr Tipp 12

Hat man mehrere Stockwerke zur Verfügung, dann kommt man vielleicht noch an das Wasser in den Wasserleitungen. Dazu muss man am niedrigsten Punkt der Hausinternen

Verrohrung (Wasserhahn im Keller?) einen passenden Behälter aufstellen und dann am höchst gelegenen Hahn aufdrehen. So kann das Wasser unten raus, weil oben Luft in die Leitungen nachkommen kann.

Heizungswasser Tipp 13

Auch im Heizungssystem befindet sich Wasser. Hier kann man aber keine allgemeine Anleitung liefern, wie man da am besten ran kommt. Entweder man beschäftigt sich mal mit der eigenen Heizungsanlage und/ oder fragt seinen freundlichen Gas/Wasserinstallateur. Sucht euch vielleicht schon mal eine passende Erklärung für eure Neugier, um komische Fragen seitens des Fachmannes zu vermeiden... oder es stellt sich raus, dass auch er schon übers Preppen nachgedacht hat.

Antiüberschwemmung Tipp 13b

Die Wasserhähne aber wieder zudrehen, damit nix passiert, wenn die öffentliche Wasserversorgung wieder startet!

Goldfische?

Selbst im kleinsten Goldfischteich werden sich etliche Liter an Wasser befinden. Dieses muss zwar gefiltert werden, aber man hat einen Vorrat. Ein Teich von etwa 1x2m Grösse und 0,8m Tiefe enthält immerhin ca. 1600 Liter Wasser, das ist doch was.

Toiletten-Tipp 14

Falls irgendwie möglich: die Toilette bei einer Krise gar nicht mehr verwenden. Dann besser das grosse Geschäft gleich in einen Müllbeutel machen, wenn man keinen Garten hat. Wer einen Hauch von Gewohnheit nicht aufgeben will der kann ja den Müllbeutel erst in der Schüssel ausbreiten, dann Brille runter und raufgesetzt. Danach statt spülen eben Beutel knoten. (Siehe auch "Ausrüstung"). Mit etwas Überwindung sowie Sägespäne oder Papierschnipsel können auch mehrere nacheinander den gleichen Beutel nutzen.

Ich selbst plane eher, „das Geschäft" gleich draussen zu erledigen. Bei meiner Terasse sind ein paar Ecken, die man mit wenig Aufwand zum Toilettenraum unfunktionieren kann. So hat man den Kram schon mal draussen, nicht in der Wohnung. Wer kann, der buddelt gleich ein tiefes Loch, ansonsten wird ein Eimer genommen. Eine Abdeckplane mit Nägeln oder Schrauben an ein paar Latten, als Sichtschutz usw. Ich würde durchaus ein, zwei Stunden Arbeitszeit investieren, um hier was akzeptables hin zu bekommen. Es ist ja nun mal so, dass besonders bei mehreren Personen schon eine extreme Geruchsbelästigung zusammenkommt, also auch hier rechtzeitig handeln, um das Leben nicht unnötig zu erschweren. Selbst ein Balkon kann hier ein guter Standort für einen Eimer sein. Wenn es auch bestimmt nicht so gemütlich ist wie auf einem beheizten Klo: Schon nach wenigen Tagen wird man sich selbst gratulieren, das so gemacht zu haben und die eigene Wohnung bleibt wohnlicher.

Brunnen Tipp 15

Wer einen Garten hat und dort einen eigenen Brunnen für das Grundwasser, der ist natürlich auf der sicheren Seite bzgl. Wasserversorgung. Hier kann man auch mal die Wasserqualität in einem Labor prüfen lassen und in Ruhe geeignete Massnahmen zur Reinigung und Filterung realisieren.

Duschen Tipp 16

Die tägliche Dusche fällt wohl erstmal aus, wenn die Wasserversorgung nicht mehr gewährleistet ist. Dennoch muss man ja nicht verdrecken. Entweder man reibt sich mit einem nassen Handtuch oder Waschlappen überall ab, oder man hat eine von diesen Camping-Beutel-Duschen, die sich durch die schwarze Farbe in der Sonne sogar selbst etwas erwärmen. Mit wenigen Litern kann man so etwas Frische an den Leib kriegen. Aber bitte nicht unbedingt Trinkwasser dafür verwenden, mit Regenwasser geht das auch ganz prima.

Notdusche Tipp 17

Wenn man echt mal eine Dusche braucht aber keine Gelegenheit zu finden ist, hilft vielleicht die absolute Notdusche: Eine PET-Flasche. Das sind zwar nur 1,5 Liter Wasser, aber wenn man in den Deckel ein paar kleine Löcher sticht, dann rieselt es schön langsam heraus. Wer es „händeln" kann, kombiniert zwei, drei Flaschen, indem sie mit Klebeband oder Bindfaden zusammen gebunden werden. Aber während man sich eine Flasche noch selbst über den Kopf halten und das Wasser rauspressen kann, muss man sehen, ob man dieses Dreierpack nicht irgendwo aufgehängt kriegt, weil das Hochhalten sicher nicht jedermanns Sache ist. Und weil Luft nachlaufen muss, wird das Wasser auch nicht ganz so gleichmässig rauslaufen. Eine Notdusche eben. Auch wenn mehrere Flaschen verfügbar sind empfehle ich, diese einzeln und ggf. nacheinander zu verwenden. So weiss man, das man noch genug Wasser hat, um die Seife vom Körper zu spülen.

Abkochen Tipp 18

Wasser aus zweifelhafter Herkunft *immer* abkochen, wenn man es zu sich nehmen will! Schnell fängt man sich Keime etc. ein, die den Körper unnötig belasten. Das ist schon zu "normalen" Zeiten nicht gut, in der Not können wir das gar nicht gebrauchen. Abkochen heisst hier nicht kurz aufkochen, sondern mindestens 10 Minuten, lieber länger, um auch alle Viren, Keime, Würmer und sonstigen Erreger tot zu kriegen!

Profi-Wasserfilter Tipp 19

Kaufbare Wasserfilter. Da gibt es wirklich super tolle Geräte, die leider auch super viel Geld kosten. Wenn man in eine Situation kommt, wo man diesen braucht, ist er auch jeden Euro wert. Der „Trick", mit dem diese Filter arbeiten: die Körnung der Filter ist so dermassen klein, dass selbst die meisten Keime nicht durchkommen. Oft dazu noch Aktivkohle, die u.a. noch chemisch zur Reinigung hilft. Viele gute Geräte arbeiten mit einem gestaffelten Filtersystem, wie z.B. der so genannte Lifestraw. Ich selbst habe mich eine Zeit lang auf den üblichen Onlinemärkten umgeschaut und dann zugeschlagen, als ein für mich akzeptabler Wasserfilter günstig angeboten wurde. Nun habe ich einen für rund 30 Euro, der aber auch nur knapp einen halben Liter in der Minute reinigen kann (dafür aber einen Ersatzfilter inklusive). Ich habe diesen Filter einmal getestet, um mit dem Umgang vertraut zu sein und nun liegt er ordentlich verpackt an seinem Platz und wird vielleicht nie wieder gebraucht (wo ich nix gegen hätte). Er ist aber so klein und handlich, dass man ihn durchaus mal auf eine längere Wanderung mitnehmen kann.

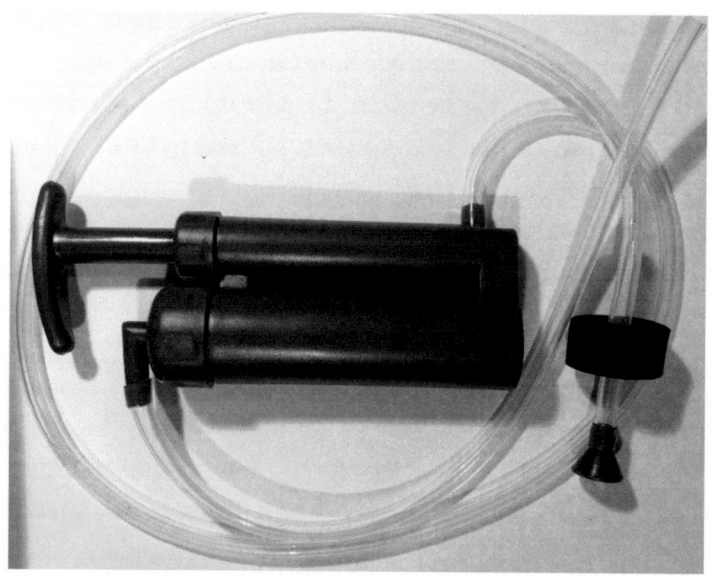

Wasserfilter Bastel-Tipp 20

Will man sich selbst einen Filter bauen, dann ist die
Filterdichte vielleicht gar nicht das Problem, denn ein Stück
Holzkohle kann durchaus als guter Filter dienen. Ein
Kaffeefilter reicht bei weitem nicht! Das Problem: Es darf auf
keinen Fall ungereinigtes Wasser am Filter vorbei kommen, das
macht jede Filterung zunichte. Deswegen kann man nicht
einfach einen Stein nehmen, Wasser drüber giessen und was
unten rauskommt soll sauber sein. Im Zweifel lieber immer
vorher genannten oder übernächsten Tipp beachten, wenn
man nicht gerade Chemiker ist und die Wasserqualität
überprüfen kann.

Die meisten Selbstbau-Filter werden aus verschiedenen
Schichten Kies, Sand, Fliess (Watte o.ä.) und Holzkohle
gefertigt. Wenn ihr sowas selbst bauen wollt, z.B. in einem
Eimer, dann macht die Schichten auch ausreichend dick. So ist
sichergestellt, das nicht wie oben erwähnt verschmutztes
Wasser an einzelnen Filterstufen vorbei läuft. In dem
Zusammenhang ist es auch sinnvoll, das ganze Gefäss erst mit
Fliess auszulegen und dann die Schichten einbringen. Wer
genug Eimer oder ähnliche Gefässe hat, kann auch für jede
Schicht einen eigenen Behälter nehmen und diese
übereinander stapeln. Das ist dann die beste Trennung der
Schichten. Unten in die Mitte jeweils ein kleines Loch, und
aus dem untersten Behälter kommt dann das fertig gefilterte
Wasser. Ob das nun „rein" ist, ist natürlich schwer zu
beurteilen. Es gilt aber: Je langsamer das Wasser durch den
Filter läuft, desto höher ist die Filterwirkung.

Denkanregung Bastel-Tipp 20b

Viele käufliche gute Filter sind Keramikfilter. Man kann diese auch einzeln kaufen und sich selbst eine Filteranlage bauen. Es gibt Zylinderförmige mit Gewinde und Überwurfmutter, es gibt aber auch Beutelfilter. Informiert euch über die Feinheit der Filter, 0,2 -0,3 Mikrometer sollten es höchstens sein. Kleiner ist immer besser, aber auch schwer zu kriegen. Diese Filter kann man dann in oder unter einen Eimer bauen, welcher ein Loch im Boden hat. Da unter kommt ein zweiter Eimer, der das gereinigte Wasser auffängt. Nehmt es als Denkanregung für eigene Versuche. Für Aquarien gibt es eine grosse Filterauswahl, die einem hier helfen kann. Der Vorteil einer solchen Selbstbauanlage: Man kann wesentlich grössere Mengen an Wasser filtern und da das Wasser durch die Schwerkraft durch den Filter nach unten gelangt muss keiner pumpen oder kurbeln. Am besten mal in „guten Zeiten" in Ruhe probieren und das gefilterte Wasser mal in einem Labor untersuchen lassen.

Entkeimung Tipp 21

Entkeimungstabletten. Diese kosten relativ wenig. Relativ bedeutet im Verhältnis zur Menge Wasser, die diese entkeimen können. Ich kann nur empfehlen, einfach mal ein paar gesparte Euro in eine solche Packung zu investieren und diese an den Ort zu packen, wo man alle Sachen für den Fall eines Falles lagert. Denkt dran: Auch Wasser, das so entkeimt werden soll, hat gern eine gute Filterung vorab und macht es den Tabletten leichter.

Kanister Tipp 22

Auch eingelagertes Leitungswasser in Kanistern (leere Ethanol-Kanister? Siehe „Wärme") kann man regelmässig vorbeugend entkeimen. Eine Dosis hält bis zu sechs Monate. Dazu am besten statt der Tabletten Entkeimungstropfen nehmen. Stichwort „Katadyn Micropur" oder „Romin flüssig". Letzteres habe ich hier und ich finde das Preis/Leistungsverhältnis einfach super. Genaue Hinweise entnehmt ihr bitte den entsprechenden Gebrauchsanweisungen.

Regenwasser Tipp 23

Wer kann, der sollte sowieso immer Regenwasser sammeln. Und wenn man es nur für das Blumengiessen verwendet: Das ist für die Pflanzen besser als Leitungswasser (OK, letzteres zähle ich mal nicht als Tipp mit). Und Regenwasser fangen kann man sogar auf dem Balkon oder gar auf der Fensterbank, dann halt etwas weniger als in einer Baumarktregentonne.

Etwas Regenwasser Tipp 24

Regenwasser auf der Fensterbank sammeln. Viele Fensterbänke bestehen heutzutage aus Kunststoff oder Aluminium. Sucht euch das Fenster mit der "besten" Wetterseite aus (meist Westen) und haltet mal eine Wasserwaage darauf. Hat sie nicht vielleicht eine Neigung zu einer Seite? Wenn nicht oder nicht genug, dann kann man versuchen, unter eine Seite einen kleinen Holzkeil unter zu stecken, so dass wir etwas Gefälle bekommen. Und an die Seite, wo das Regenwasser nun hinfliesst, befestigen wir eine Dose, einen Eimer oder ähnliches, am besten mit Draht, der als Haken geformt ist, so dass das Gefäss leicht abgenommen oder ausgetauscht werden kann. Achtet regelmässig auf eine saubere Fensterbank, wir wollen doch keinen Vogelkot im Wasser haben... so bekommt man zwar nicht viel Wasser, aber in der Krise kann jeder Liter wichtig sein. Das alles ist für den ein oder anderen natürlich auch eine Frage der Optik. Vielleicht ist es hübscher bzw. unauffälliger, gleich einen langen Blumenkübel parallel unter die Fensterbank zu hängen? Statt Blumen und Erde kommt Folie rein, damit er dicht ist und ggf. kann man ihn noch mit Stoff als Filter abdecken. Auf jeden Fall ist so eine Konstruktion für einige Liter gut. Und viel besser als nix, wenn man keinen eigenen Garten hat, wo man eine Regentonne aufstellen kann.

Vorfiltern Tipp 25

Egal, ob das Wasser abgekocht oder sonst wie entkeimt werden soll: Eine Vorfilterung ist immer empfehlenswert, um grössere Partikel und auch Schwebeteilchen zu entfernen. Hierzu nimmt man mehrere Lagen Stoff, je feinmaschiger desto besser. Als erste Filterstufe ist auch (sauberer) Sand geeignet. Diesen kann man in einen Kaffefilter schütten und dann das Wasser dort durch kippen. Da drüber der feinmaschige Stoff und man hat schon einiges aus dem Wasser raus.

Langsam filtern

Je langsamer das Wasser durch den Filter laufen kann desto besser die Filterwirkung. Der Sand z.B. sollte also recht fest sein. Wenn es geht, mit einem Stab oder ähnlichem nachstopfen, um die Luft zwischen den Körnern raus zu bekommen.

Selber destillieren Tipp 26

Wenn es gar nicht anders geht: Wasser destillieren. Im einfachsten, wenn auch wenig effektivem Fall: Wasser erhitzen und darüber einen Stoff (Handtuch, T-Shirt etc.) ausbreiten, der den Dampf auffängt. Sorgfältig über einen Behälter ausgewrungen hat man einige Schluck sauberes Wasser. Etwas professioneller geht es mit einem klassischem Teekessel (Flohmarkt!, siehe "Ausrüstung"). Dieser Kessel leitet ja den Dampf durch seinen Ausguss, wo die Pfeife sitzt. Hier hat man bessere Chancen, den Dampf aufzufangen und wieder zu kondensieren. Ein Schlauch mit einer Schelle befestigt, den Schlauch gut kühlen (mit anderem, auch verdrecktem Wasser oder gar Schnee im Winter) und am Ende des Schlauches kommt destilliertes, also entkeimtes Wasser raus. Erwartet aber nicht zu viel... ich konnte zumindest auf diese Art schon mal aus altem Wein leckeren Weinbrand gewinnen, habe da aber Kupferrohr verwendet.

Anti-Tipp zum destillieren 26b

Man findet im Internet hier und da ein Tipp, wo Wasserdampf mit einer längs aufgeschnittenen und über einen Topf gelegten PET-Flasche aufgefangen und wieder kondensiert werden kann/soll. Über den Ausguss der Flasche kann man dann das Wasser wieder auffangen und trinken etc. Wenn man gar keine andere Möglichkeit hat, ist das sicher ein Versuch wert, ABER: Auf den Zeichnungen sieht das immer toll aus. Doch diese dünnen PET-Flaschen verformen sich schon bei geringer Hitze, diese Destille wird also vermutlich nicht lange funktionieren. Man könnte dann versuchen, die Flasche selbst zu kühlen, z.B. durch ein nasses Tuch. Aber das halte ich für soviel Aufwand, das man sich gleich von Vornherein bessere Gedanken machen sollte.

Wer z.B. mal beim Kochen mit Deckel genauer hingeschaut hat, der weiss, dass sich auch an einem Deckel das Wasser wieder sammeln lässt. Also einfach nur schief drauf legen und die Tropfen an der richtigen Stelle fangen. Oder gleich einen grösseren Deckel drauflegen. Und/ oder mit einer Zange eine kleine Nase an einen Blechdeckel biegen, wo man die Wassertropfen abnehmen kann (Wasser läuft ja immer zum tiefsten Punkt bevor es tropft). Oder oder oder... vieles ist besser, als mit einer dünnen Flasche zu laborieren.

Nochn Tipp für die notwendige Hitze:

Mit einigen Teelichtern geht es eher schlecht als recht, ich habe einen Brenner aus einem Fondue-Set mit Spiritus (Ethanol) verwendet. Gut, dass ich einen von diesen Wohnzimmer-kaminen aus Blech habe und damit auch immer einen Ethanol-Vorrat.

Ethanol-Spar-Tipp 27

Ethanol, früher als Spiritus bekannt: 30 Liter auf einmal online bestellt sind wesentlich günstiger als Literflaschen einzeln und man hat gleich ein paar Kanister dabei, die man für viele andere Dinge verwenden kann, wenn sie leer sind.

Notizen:

Nahrung

Vorräte können nie schaden. Auch wenn keine Krise herrscht, muss man mal ein, zwei Tage überbrücken können. Sei es, weil überraschend Gäste kommen oder irgend ein Unwetter sein Unwesen treibt. Oder beides. Und selbst die körpereigenen Fettpölsterchen, als Vorrat betrachtet, können dafür sorgen, dass man sich vielleicht nicht jeden Tag satt essen muss. Das heisst aber nicht, dass ihr nun euren Körper unnötig durch Übergewicht belasten sollt, indem ihr Fett ansetzt. Uns geht es doch sowieso viel zu gut, da sind genug Reserven da. Aber Nährstoffe, Vitamine sind wichtig. Wir wollen doch nicht, das einem wie einst den Seeleuten auf hoher See die Zähne ausfallen, nur weil man nicht genug Vitamine hat?

Vitamin Tipp 28

Es gibt Vitamintabletten als "Nahrungsergänzung" bei den gängigen Discountern. Eine davon am Tag soll den Bedarf eines Menschen decken und in einer Packung sind meist 100. Also hat man damit locker drei Monate (pro Person) Ruhe vor dem Thema, und dazu sind diese Tabletten sehr lange haltbar (natürlich bei richtiger Lagerung) und dazu wirklich nicht teuer.

Frische Vitamine Tipp 29

Doch lieber frische Vitamine? Das ist nicht so einfach, denn natürlich hält sich Obst und Gemüse im Allgemeinen nicht zu lange. Aber Zwiebeln und viele Apfelsorten lassen sich schon sehr lange einlagern. Immer schön trocken und dunkel und immer wieder mal schauen, ob gammelige Stücke dabei sind, um sie gleich auszusortieren. Der Klassiker für frische Vitamine: Sprossen. Am besten Kresse-Keimlinge, da diese wirklich anspruchslos sind und schnell wachsen (angeblich soll es sich bei Kresse gar nicht um Sprossen handeln, das kann uns aber gerade egal sein). Die Kressesamen brauchen zum keimen nur Wasser und einen saugfähigen Boden, auf dem sie liegen können. Wir nehmen oft einfach einen Eierbecher, packen unten etwas Watte rein, legen die Samen drauf und füllen das gut mit Wasser auf und stellen das auf die Fensterbank. Nach ungefähr einer Woche ist das Pflänzchen mehrere Zentimeter hoch und man kann die Spitzen abschneiden, um sie so zu essen oder Speisen damit zu verfeinern bzw. zu würzen. Kresse schmeckt leicht senfig. Achtet aber darauf, dass die gedeihenden Samen nicht austrocknen.

Trockene Vitamine Tipp 30

Natürlich aber haltbar? Wie wäre es mit Trockenobst? Viele kennen das aus dem Früchtemüsli. Trockenobst ist recht lange haltbar, enthält noch viele Vitamine und Mineralstoffe und nimmt wegen des Mangels an Wasser auch weniger Platz ein. Dadurch ist auch der Nährwert pro Gramm grösser.

Ich hab mir als Anfang, zum üben, getrocknete Apfelscheiben selbst gemacht: Geschält, entkernt und in dünne Scheiben geschnitten. Und wenn ich dann mal im Backofen was gebacken oder gebraten habe, dann habe ich die Resthitze danach genutzt, um diese Scheiben zu trocknen. Empfohlen ist eine Resthitze von maximal 80 Grad, lieber weniger. Sonst gehen zuviele Vitamine etc. verloren und der Geschmack kann auch leiden. Wenn der Ofen abgekühlt war habe ich die Scheiben mit einem Küchentuch auf die Heizung gelegt. Im Winter ist es dort ausreichend warm, um die Feuchtigkeit aus den Früchten zu kriegen. Bei gleichbleibend hoher Temperatur dauert das Trocknen 3 bis 4 Stunden, auf der Heizung hab ich sie ca. zwei Tage liegen gelassen. Danach kriegte ich 2-3 Äpfel in eine Erdnussdose :) Wie lange genau die halten, kann ich gar nicht sagen, weil ich die immer wieder mal wegnasche... aber es ist ja allgemein bekannt, dass die Lagerung durchaus Monate betragen kann. Natürlich kann man auch anderes Obst trocknen, wie z.B. Weintrauben (Rosinen) oder mit etwas Geduld Banane.

Die Resthitze eines Grills habe ich auch schon mal versucht, aber das war zu warm... hier muss man vielleicht etwas mit dem Abstand zur Kohle experimentieren (Rost höher stellen).

Petersilie Tipp 30b

Petersilie lässt sich auch wunderbar trocknen. Man muss die Bündchen Petersilie nur kopfüber an einer Schnur an einen dunklen Ort aufhängen und ein paar Tage warten. Ich packe sie danach immer in ein leeres Gemüsebrüheglas (diese braunen) und kann so meine eigene Petersilie aus dem Garten den ganzen Winter über verwenden. Sowas eignet sich natürlich auch zur Vorratshaltung für schlechte Zeiten.

MHD-Tipp 31

MindestHaltbarkeitsDatum. Wie der Name sagt: Die Ware kann durchaus länger halten. Gebt nicht zuviel darauf. Wann ein Nahrungsmittel nicht mehr geniessbar ist hängt nicht von einem mehr oder weniger willkürlichem Datum ab sondern allein vom Zustand des Lebensmittels.

Ganz offensichtliche Mängel wie Schimmel muss ja keiner ertragen, aber glaubt ihr, dass das Paket Nudeln genau an dem Tag nicht mehr essbar ist, wenn das MHD abgelaufen ist? Ich nicht. Und wenn eine Konservendose zehn (10!) Jahre halten soll, dann hält die auch 11 oder 12, wetten? Vorausgesetzt natürlich immer korrekte Lagerung (kühl, dunkel und trocken ist nie falsch) und kein Schaden an der Verpackung. Was ich von meiner Oma gelernt habe: Was nicht schlecht aussieht und noch schmeckt ist auch noch gut. Und meine Oma hat ein Grossteil ihres 84jährigen Lebens ohne MHDs verbracht.

Nudel Tipp 32

Nudeln auf Vorrat. Die meisten Nudeln sind im Grunde gepresster, getrockneter Hartweizengries, wenn es keine Eiernudeln sind (dann ist da Weichweizengries in den Nudeln und die Eier sorgen für die Festigkeit). Die halten weit über das MHD hinaus. Laut Tests von verschiedenen Leuten sogar über Jahre hinaus. Spagettis nehmen nicht viel Platz weg und weil sie so dünn sind, kriegt man sie auch schnell weich gekocht. Damit hat man schon mal notwendige Kohlenhydrate, ein paar Mineralstoffe und ganz wenig Vitamine für den Körper. Eine gute Grundlage jeder Mahlzeit. Ähnliches gilt natürlich auch für Reis.

Nudeln kochen Tipp 33

Hat man nicht so die Möglichkeit, Nudeln wie gewohnt zu kochen, dann kann man sie auch erstmal einige Zeit einweichen und dann Kochen/erhitzen. Hier sind Spagettis aber oft umzurühren, weil sie schnell zusammenkleben und einen Klumpen bilden. Nach meiner Erfahrung reichen schon fünf Minuten im sich erwärmenden Wasser einweichen und dann fünf Minuten kochen. Wenn es ganz blöd kommt, kann man die Nudeln auch roh oder nur eingeweicht wegknabbern, aber so weit muss es hoffentlich nicht kommen.

Trockengemüse Tipp 34

In den meisten Läden kann man auch getrocknete Linsen und Bohnen kaufen. Für diese gilt ähnliches wie für die Nudeln:

Sehr lange haltbar. Man braucht allerdings Wasser, um sie wieder einzuweichen und geniessbar zu machen. Auf jeden Fall ergeben sie mit den Nudeln schon mal ein recht nahr- und schmackhaftes Mahl. Linsen enthalten recht viel Eiweiss, damit kann man schon Fleischmangel etwas ausgleichen. Darüber hinaus enthalten sie auch Ballaststoffe, Kohlenhydrate, Fett, Kalium, Phosphor, Magnesium, Eisen, Zink sowie Vitamin B123, C und E. Auch getrocknete Linsen!

öliger Tipp 35

Öl. Sonnenblumen, Oliven oder Raps, egal. Damit bekommt man etwas Fett etc. ans Essen. Bei kühler Lagerung auch sehr lange haltbar. Macht obigen Tipp noch nahr- und schmackhafter.

Schokoladen Tipp 36

Auch an Schokolade sollte man denken. Ist sie nicht schon jetzt oft „Nervennahrung"? Aber auch wenn viele sie nicht so gerne mögen: Packt Zartbitterschokolade ins Vorratspaket, keine Milch- oder gar weisse Schokolade. Zartbitter hat kaum bis keinen Milchanteil und ist deswegen wesentlich länger haltbar. Ausserdem ist der Fettanteil höher, also hat man auch wieder Nährstoff dazu. Bitter- (oder dunkle) Schokolade heisst sie nur, weil der Kakaoanteil wesentlich höher ist. Es wurden also keine Bitterstoffe oder dergleichen extra eingesetzt. Gerade bei Schokolade ist die Lagerung wichtig: Trocken und dunkel soll es sein, nicht warm, keine Temperaturschwankungen. Aber solche eine Lagerung ist ja für alle Nahrungsmittel gut. Die

Schokolade *auf jeden Fall* luftdicht verpacken, am besten extra einschweissen (siehe weiter hinten, „Vorratshaltungs-Tipps"). Zartbitterschokolade hält so mindest zwei Jahre, vermutlich auch noch einiges länger.
Ich persönlich stehe ja auf Scho-ka-kola, auch wenn ich sonst nicht so das Schleckermäulchen bin.

Kochen mit Kerzen Tipp 37
Sollte man doch in die Verlegenheit kommen, mit Teelichtern eine Speise oder Wasser erwärmen zu müssen, dann stellt man halt mehrere Teelichter zusammen. Auf Windschutz achten, um keine Hitze zu verschwenden. Nie unbeobachtet lassen! Wenn Teelichter zusammen stehen und die Hitze sich staut, dann kann es passieren, dass alle zusammen plötzlich eine gemeinsame Flamme bilden. Diese kann sehr gross und damit unangenehm werden!

Einkoch-Tipps 38
Das klassische Einkochen ist ein Hobby für sich: Vieles kann und sollte man beachten, es gibt viele besondere Rezepte, Tricks so wie passendes Zubehör (Einmachgläser samt Gummis, Einkochtöpfe mit Thermometer usw usf.) Ich bevorzuge die simple Methode, wobei ich in Kauf nehme, dass das Eingemachte vermutlich nicht so lange hält wie seinerzeit bei meiner Oma. Als wir nach deren Tod im Jahre 99 den Keller ausräumten, da fanden wir noch sauber beschriftete Gläser mit z.B. Erdbeeren, die 1977 eingekocht wurden. Und

die sahen noch nicht verdorben aus, wenn auch Erdbeer-
einkochüblich recht matschig.

Nein, ich mache das folgendermassen: Wenn ich mal von
etwas zuviel gekocht habe und das nicht einfrieren will oder
kann, dann nehme ich aufbewahrte Gläser mit Schraubdeckel
von Bohnen, Apfelmus und ähnlichem. Neudeutsch heissen
diese Gläser „Twistoff-Gläser" und diese kann man teuer
kaufen, wenn man will. Mir reichen die oben genannten zur
Zweitverwertung. Also: habe ich Eintopfreste, dann schnappe
ich mir ein bis drei dieser Gläser und spüle sie mit sehr
warmen (heissen) Wasser aus. Die Deckel lege ich auch in
heisses Wasser. Dann fülle ich mit der Kelle den noch heissen
Eintopf in die Gläser, wische den Rand sorgfältig sauber
(damit der Deckel auch gut abdichten kann), schraube den
Deckel drauf und stelle die gefüllten Gläser umgedreht auf ein
Handtuch. Dort können sie einige Zeit abkühlen. Irgendwann
drehe ich die Gläser um und lasse sie weiter abkühlen.

Durch das erste Auf-den-Kopfstellen wird dafür gesorgt, dass
keine Luft durch den Deckel ins Glas eindringen kann. Die
warme Luft im Glas zieht sich durch das Abkühlen wieder
etwas zusammen. Dreht man dann die Gläser wieder richtig
rum, dann kann ein Unterdruck entstehen, der die Deckel
quasi fest auf das Glas presst und dadurch abdichtet. Durch die
vorherige Hitze im Glas sollten alle Keime etc. abgetötet
worden sein. Die meisten Deckel haben auch so eine
Ausbeulung („Frische-Klack"), die sich dann nach innen zieht.
Klappt bei mir in neun von zehn Fällen.

In einschlägigen Büchern etc. wird davon abgeraten, Produkte
mit Sahne oder Mehl einzukochen, weil die Gläser wieder
aufgehen können. Mit Marmeladen, Fruchtmus (Apfel...)

sowie reinen Gemüsen wie Karotten oder Kürbis sollte es aber wenig Probleme geben. Süsse Sachen sowieso besser, weil der viele Zucker erheblich zur Konservierung beiträgt.

Wichtig bei allem: Es muss so steril wie möglich sein, damit keine Keime überleben, das geht am besten mit Hitze. Und mir ist bewusst, dass das Essen in den Gläsern nicht so lange hält wie beim „richtigen" einkochen. Aber bevor man Reste wegwirft, kann man es ja so versuchen. Und aus jedem Fehler lernt man. Denkt dran: Gläser gut mit Datum und Inhalt beschriften!

Seefahrer-Tipp: 38b

Aus irgendeinem Seefahrer-Buch habe ich den Tipp, die Deckelseite des Glases nach dem Einkochen noch in heisses Wachs zu tauchen, um sie noch sicherer gegen Undichtigkeiten zu machen. Klingt schlau, selber gemacht habe ich es noch nicht. Mir erscheint das hantieren mit dem heissen Wachs in einem Topf etc. bisher zu umständlich. Schaden kann es sicher nicht, wenn man vorher alles soweit richtig gemacht hat, dass sich in dem Glas keine Keime mehr befinden, die ihr Unwesen treiben können.

Haltbare Einlager-Tipps 39

Haferflocken halten auch sehr lange. Zucker, kein Problem. Mehl, auch prima. Eigentlich alles, was trocken ist, wie Reis, Tütensuppen, Kartoffelpüreepulver. Letzteres gibt es manchmal auch zum anrühren ohne Milch. Schmeckt dann nicht ganz so toll, finde ich, aber praktisch ist es. Was man dann nicht dabei hat sind Eier, Milch und Fleisch. Wer will und es bezahlen mag, kann sich auch Eier und Milch in Pulverform besorgen und einlagern. Bei einer längeren Krise ist das sicher eine gute, wertvolle Abwechselung.
Wer Mehl einlagert, sollte auch Backpulver einlagern, dann kann man mit bescheidenen Mitteln immer noch eine Art Brot backen, was etwas fluffig wird.

Fladenbrot-Tipp 40

einfaches aber leckeres Fladenbrotrezept
- ☒ 500 Gramm Mehl
- ☒ 1 Teelöffel Salz
- ☒ 4 Teelöffel Backpulver
- ☒ 1 Teelöffel Öl

Alle Zutaten auf einer bemehlten Fläche zu einem glatten Teig kneten. Den Teig einige Minuten ruhen lassen. Dann kleine Stücke (ca. Faustgross) abnehmen und zu Fladen ausrollen.

Diese Fladen in einer heissen Pfanne auf beiden Seiten ausbacken. Eine Zugabe von Fett in der Pfanne ist nicht nötig, wir wollen ja nur backen. Die Pfanne sollte ordentlich heiss sein. Dieses Brot ist auch recht lange haltbar (für ein Brot).

Milchersatz Tipp 41

Als Milchersatz kann man Kaffeeweisser verwenden bzw. einlagern. Das ist zwar kein Vollmilchpulver, enthält aber auch unter anderem Milchfett und Milchzucker (Laktose). Damit kann man beim Zubereiten von Nahrung optisch einiges aufwerten, und wenn man den Kaffeeweisser dort verwendet, wo sonst Milch zum Zuge kam, hat man in der Not jedenfalls etwas normales Leben. Kann auch einfach gut fürs Gefühl sein, die Inhaltsstoffe sind aber wirklich hilfreich für den Krisenkörper, auch wenn es nicht ganz wie Milch schmeckt.

Vorratshaltungs-Tipps 42

Es gibt im Grunde zwei Möglichkeiten der Vorratshaltung: Man rotiert alles, so dass man aus seinen Vorräten den täglichen Bedarf entnimmt und durch Einkauf wieder auffüllt. So müssen die Sachen nicht zu lange gelagert werden, bedarf aber je nach Vorrat einiges an Verwaltungsaufwand. Ich selber bevorzuge denn noch lieber die zweite Methode, denn z.B. Haferflocken brauche ich gar nicht so oft. Die zweite Methode lautet: Gut einpacken, gut wegpacken und „vergessen". Gut einpacken bedeutet, alle gekauften Waren noch in einen extra Beutel zu packen (Gefrierbeutel), Luft rausdrücken und diese zuzukleben. Idealer und noch sicherer ist, diese zu vakuumieren und einzuschweissen. Geräte dafür sind gar nicht teuer. Gut wegpacken heisst: An einen trockenen, dunklen Ort, wo es nicht zu warm wird. Wer hat und kann, packt die Sachen in eine Kunststoffkiste oder Tonne und stellt sie in den Keller. Je nach Temperatur kommt auch der Dachboden in Frage, das muss jeder einzelne dann sehen. Ich hatte damals damit angefangen, Kartons unten in den Kleiderschrank zu stellen, wo eh meist Platz ist oder Schuhe stehen, die man nie mehr anzieht. Einen Wochenvorrat sollte man so locker verstauen können. Die Kiste steht da heute noch und wenn ich mal keine Nudeln mehr habe, dann bediene ich mich kurzerhand daraus, statt extra noch mal loszugehen.

Wer in einer Dachwohnung wohnt, kann noch einen anderen, selten gut genutzten Platz nutzen: Unter den Dachschrägen. Vielleicht steht ja eine Kommode oder ein Sofa an einer solchen Wand und dahinter ist noch zwangsläufig ungenutzter Raum? Perfekt zum dauerhaften einlagern.

Einkaufs-Tipp 42b

Ich habe nicht alles, was ich bevorraten will, auf einmal gekauft sondern immer mal wieder beim Einkaufen ein, zwei Dinge extra eingepackt. So fallen die Mehrkosten gar nicht auf. Und gegebenenfalls muss man keine komischen Fragen beantworten, wenn man einen Einkaufswagen voll dieser langhaltenden Produkte einkauft. Wer etwas Paranoia mag: Es muss ja nicht gleich jeder Nachbar sehen, dass man offensichtlich etliches an Vorräten daheim einbunkert.

Der Vor- und Nachteil gleichzeitig, wenn man alles nach und nach kauft: Man muss seinen Vorratsbehälter immer mal

wieder vorziehen, um die neuen Produkte dort einzulagern.
Bei dieser Gelegenheit kann man aber gleich mal schauen, wie
es den schon eingelagerten Artikeln so geht, wie man es am
besten verstaut und ausserdem ist man doch eh neugierig, weil
man sowas vermutlich noch nicht oft gemacht hat...
Wenn ihr mehrere Behälter habt, dann würde ich empfehlen,
auf alle Behälter die Nahrungsmittel gleichmässig zu verteilen,
so dass immer ein Behälter einen eigenen Vorrat ergibt. So
kann man die anderen in Ruhe lassen, wenn man einen
anbricht und selbst wenn man nur eine Kiste retten kann
(Feuer, Flucht...) dann hat man jedenfalls nicht nur Nudeln
oder nur Mehl sondern eben alles, was man so braucht.

Erdkeller-Tipp 43

Wer auf ganz Nummer sicher gehen will, macht sich ein
Erdloch als Vorratsversteck. Gleichzeitig dient solch ein
Erdkeller auch als kühler Lagerort (Siehe auch Abschnitt
„Sicherer Ort"). Plant man vielleicht zuhause den Bau eines
neuen Fahrrad- oder Gartenschuppens, dann könnte man hier
doch eine Art Kellerloch ausheben, welches später durch Hütte
samt Boden abgedeckt wird. Es muss ja nicht auf der ganzen
Fläche sein. In den Boden der Hütte wird dann eine
entsprechende Klappe eingearbeitet. Das Erdloch selbst wird
an allen Ecken durch Balken gestützt, die Wände mit Holz
abgedeckt, so dass keine nachrutschende Erde das Loch
zuschütten kann. Der Boden des Lochs wird nicht weiter
abgedeckt sondern besteht einfach aus fester Erde. Denn
darüber wird durch die Luftfeuchtigkeit der Erde für niedrige
Temperaturen gesorgt. Man muss in ein solches Loch nicht

unbedingt reinsteigen können, dann sollte es aber nur Armtief (ca. 80cm) sein. Entweder man bringt hier eine Vorratskiste unter, oder man lagert hier Äpfel und Kartoffeln. Dann aber auf Schädlinge achten, die dort reingelangen können.

Ich selbst habe dergleichen beim letzten Schuppenbau leider versäumt, aber mal bei meinem Cousin gesehen. Der hatte aber auch gleich einen recht grossen Raum ausgehoben, mit knapp 1,60m Tiefe und ca. 4qm. Es war erstaunlich, wie kühl das selbst im Sommer war (als Schattenspender war aber die nördliche Lage und ein Baum dienlich). Wenn ich das bei meinem nächsten Gartenprojekt nachhole, werde ich das nur in sehr kleinen Dimensionen machen und auch nur aller nötigste Vorräte dort verstauen. Ich hoffe nicht, dass ich das jemals wirklich brauchen werde, aber ich möchte halt vorbereitet sein. Wenn ich da also Inhalte im Wert von ca. 20-30 Euro versenke, bleibt die Investition im Rahmen und dient als Risikoversicherung. Vielleicht mache ich ja mal in ein paar Jahren einfach eine „Hurra, wir leben noch"-Party, wo dann die eingelagerten Sachen feierlich auf den Tisch kommen. Danach kann man ja ggf. neu einlagern.

Garten

Eigentlich wollte ich diese Punkte bei den anderen Kapiteln unterbringen, merkte aber, das es zu viele Überschneidungen gab. Also denkt beim Lesen gleichzeitig auch an die Kapitel „Nahrung", „Ausrüstung" und „Sicherer Ort", denn hier und da werdet ihr diese Tipps gut einordnen können. Aber es ist halt so, dass zur guten Vorbereitung auch ein gewisses Maß an Selbstversorgung gehört. Nicht nur, dass man nicht für die Ewigkeit Lebensmittel bevorraten kann, nein, manchmal bekommt man einfach voll Bock auf etwas frisches. Besonders, wenn man einige Zeit „aus der Konserve" gelebt hat. Euer Körper wird es euch auch danken.

Wie pflanze ich was an und wann ernte ich Tipp 44

Die meisten Sorten bekommt man als Samentütchen im Baumarkt oder beim Discounter. Auf jeder Tüte steht hinten drauf, was damit zu machen ist, meist in einfachen Bildern. Haltet euch da grob dran und in den meisten Fällen habt ihr eine erfolgreiche Ernte. Die Tütchen bewahrt ihr gut auf, um immer wieder mal nachlesen zu können oder ihr steckt sie an einem kleinen Hölzchen mit ins Beet (oder pinnt sie an die nächste Haus/Schuppen/Garagenwand fest, damit sie nicht unnötig verdrecken und nass werden).

1	2	3	4	5	6	7	8	9	10	11	12
Reihen-abstand cm row distance	Höhe cm height	Einjährig annual	Zweijährig biennial	Mehrjährig perennial	Sonnig sunny	Halbschattig half-shady	Schattig shady	Ranker climber	Beete bedding plant	Topf pot plant	Schnitt cutting plant
40	40	x			x	x			x	x	

Gartentagebuch Tipp 44b

Wer das langfristig machen will, sollte sich ein spezielles Gartentagebuch anlegen, wo er Erfolge, Fehler und neue Erkenntnisse notieren kann. Macht das aber nicht Tag für Tag sondern teilt die Seiten in Monate ein, so dass man nicht lange nach der richtigen Information suchen muss, wenn man sie braucht. Und schon nach einer Saison hat man den besten Pflanzkalender, den man für Geld nicht kaufen kann.
Alternativ dürft ihr natürlich den freien Raum in diesem Buch dafür verwenden, dann habt ihr immer alle Informationen auf einen Haufen. Und wenn da nur steht:
„Februar: Kalt. Ich sollte Karotten nicht so früh aussäen."

Grüner Daumen Tipp 45

Ich kann nicht zu vielen Pflanzen was hilfreiches sagen, aber was ich weiss gebe ich gerne weiter:
Tomaten sollen kein Wasser von oben kriegen. Weder Regenwasser noch Giesswasser. Oft reicht es, sie nahe einer Hauswand Richtung Süden anzupflanzen, besser ist ein Dach von oben. Ich habe mir einfach ein paar Latten zusammen genagelt und dort dünne transparente Malerabdeckplane, doppelt genommen, draufgetackert, dauert keine

Viertelstunde. Dieses kleine Dach dient nicht nur gegen Regen sondern erzeugt auch einen kleinen Treibhauseffekt, den eure Pflanzen mit Wachstum danken. Gurken nicht mit kaltem Leitungswasser giessen, dann werden sie bitter. Aber ihr habt doch eh eine Regentonne oder einen Maurerkübel am Beet stehen, richtig?

Beide Pflanzenarten sollten auf der Fensterbank vorgezogen werden. Vor dem Auspflanzen ruhig die schwächsten aussortieren und nur die kräftigen nehmen. Ich habe es mal bei meinen ersten Versuchen nicht übers Herz gebracht, die kleinen Pfänzchen wegzuschmeissen und alle aufgepäppelt. Am Ende waren es viel zu viele Tomatenranken, gegen die man nicht essen konnte. Wenn Tomaten anfangen zu blühen, solltet ihr die Pflanzen ausgeizen: In den Gabelungen der Zweige kommen oft neue Triebe. Diese mit den Fingern rauskneifen, wenn sie wenige Zentimeter lang sind, das stärkt den Rest der Pflanze. Gurken die Chance zum Ranken geben, so dass die Früchte nicht auf dem Grund liegen müssen. Ich habe dazu getrocknete Halme von einer Art Schilf verwendet. Das Zeug wächst wie verrückt und wenn ich das im Herbst zurückschneide, dann packe ich mir die langen Stengel bündelweise weg, die Blätter reisse ich aber vorher ab. Zu lange Gurken-Auswüchse kurzerhand abschneiden. Meine Gurken wollen immer in alle Richtungen wachsen. Das sieht zwar toll aus, aber etwas Ordnung muss sein. Übrigens: Gurken mögen sich nicht selber, soll heissen: Wenn ihr sie im Folgejahr wieder anpflanzen wollt, dann an einen anderen Ort, nicht in die gleiche Erde.

Wundert euch nicht, wenn ihr Gurken oder Tomaten anpflanzt: Plötzlich hat man viel mehr Erntereife Früchte als man gebrauchen kann. Dann mit einem mal fängt die Zeit des Einkochens an... deswegen pflanze ich auch eher weniger Salatgurken an, ich habe noch keinen Weg gefunden, die haltbar zu lagern.

Schilf Tipp 46

Nochmal zum irren Gras: Es ist kein Bambus, aber genauso cool. Wie schon erwähnt wächst es wie verrückt, aber die langen Halme kann man wirklich für alles mögliche verwenden, wenn man sie „geerntet" hat. Auf Grund der stabilen Struktur habe ich damit sogar schon schwere, hängende Sonnenblumen abgestützt, oder eben die oben erwähnten Gurken und Tomaten. Mit etwas Aufwand kann man daraus Matten flechten, als Sonnen- oder Windschutz. Die Wurzeln breiten sich knapp unter der Erde zu allen möglichen Seiten aus, deswegen in die Richtungen, wo es auf keinen Fall hinwachsen soll, Wurzelsperren (dicke Folie oder ähnliches unverrottbares) mindestens einen halben Meter tief hochkant in den Boden setzen.

Kein grüner Daumen Tipp 47

Wenn zwar Gartenfläche, aber kein grüner Daumen vorhanden ist, dann kann man erstmal einfach Topinambur und Erdbeerspinat anpflanzen. Ersteres bildet Knollen unter der Erde, ähnlich wie Kartoffeln, die auch jedes Jahr wieder kommen, zweiteres bildet Blätter und Beeren. Die Blätter kann man wie Spinat verwenden und die Beeren sind essbar, wenn auch eher langweilig im Geschmack. Aber auch diese Pflanze sät sich von selbst aus, wächst also regelrecht wild, man muss sich nicht zwingend drum kümmern. Ausserdem sieht sie hübsch aus, wenn sie Früchte trägt. Samen gibt es im Baumarkt. Es kann aber sein, dass sich die Schrebernachbarn irgendwann beschweren, weil sich in deren Parzellen so komische Pflanzen ausbreiten... *die* Gelegenheit, ein Gespräch über das Preppen zu beginnen...

Einfach und lecker Gemüse Tipp 48

Ähnlich einfach in der Aufzucht sind auch Feldsalat und Karotten: im besten Fall nur Samen in die Erde, regelmässig giessen und Wachstum bewundern. Beides kann man nach und nach ernten, man muss nicht alles auf einmal rausrupfen. Feldsalat übersteht sogar den Winter, sollte bei Frost aber abgedeckt sein. Kräuter wie Petersilie und Schnittlauch sind ähnlich pflegeleicht.

Zwiebel Tipp 49

Zwiebeln gibt es als Samen im Baumarkt. Der Vorteil dieser Pflanze: Sie schmeckt gut, würzt fade Speisen, ist reich an Vitamin C und nach der Ernte lässt sie sich recht lange lagern. Und sollte mal aussen eine Schicht gammelig sein, dann einfach abpulen. Schimmel breitet sich in einer Zwiebel nicht aus wie z.B. in Brot. Aber dann sollte die Frucht auch zeitnah verzehrt werden, lange lagerfähig ist sie so nicht mehr. Auf jeden Fall ist sie eine Bereicherung des Speiseplans. Schon Fladenbrot mit Zwiebelringen oben drauf ist fast eine komplette Mahlzeit, die obendrein lecker schmeckt. Mit etwas

Tomatenmark, trockenem Oregano und Parmesan hat man fast schon eine Pizza...

Garten-Werkzeug Tipp 50

Viel besonderes Werkzeug benutze ich im Garten gar nicht. Das meiste mache ich mit den Händen, eine Giesskanne muss wohl nicht erwähnt werden. Solltet ihr mit Leitungswasser statt mit Regenwasser aus der Kanne giessen müssen: Immer einen Tag stehen lassen und dann erst vergiessen. Für kleine Buddel- und Beetaufräumarbeiten habe ich ein handliches Kombiwerkzeug, welches an einer Seite eine Miniharke und an der anderen Seite eine Minischaufel hat, vielleicht über alles 30cm lang. Ich glaube, auf Friedhöfen wird das gern verwendet. Ansonsten hat man einen Spaten und eine Schaufel für gröbere Erdarbeiten, eine Harke tut oft auch gute Dienste. Und natürlich eine Schubkarre so wie Eimer, Eimer, Eimer.

Wärme

Wenn uns wirklich ein grösserer Stromausfall treffen sollte, dann vermutlich im Winter, wenn es kalt ist. Bezüglich Wolldecken und warmer Klamotten muss ich wohl keine Tipps geben, sowas hat doch jeder da und nutzt es fast automatisch, wenn es zu kalt für ein T-Shirt wird. Und das ist auch kein Tipp mehr: Die Zwiebeltechnik beim Einkleiden; viele dünne Schichten wärmen besser als eine dicke.

Wohnraum-Tipp 51

Kann man nicht mehr wie gewohnt heizen, dann sollten alle Bewohner auf wenige Räume zusammenrücken. Wie anno dazumal wird das Wohnzimmer oder die Küche dann zum Lebensraum für alle. *Ein* Raum lässt sich eben besser warm halten als drei oder mehr. Alle Türen schliessen, damit die Wärme nicht unnötig verteilt wird.

Lüftungs-Tipp 51b

Dennoch auf gute Lüftung des Raumes achten. Man kennt das sicher vom Auto, wenn da im Winter auf einmal vier Personen im Fahrzeug sitzen. Die Fenster beschlagen, die Luft wird muffig. Das wollen wir nicht dauerhaft ertragen. Ruhig mal Stosslüften: Fenster und Türen ein, zwei Minuten weit auf, so dass ein Luftaustausch stattfinden kann. Die Wärme bleibt in allen Gegenständen im Raum. Auch wenn das „gefühlt"

erstmal saukalt wird: Die frische Luft wird man angenehm
bemerken.

Kerzenwärme Tipp 52b

Eine alte Trapper-Regel sagt: Eine Kerze kann ein Iglu innen
bis auf Null Grad aufwärmen. Und diese Regel stimmt. Null
Grad ist zwar nicht mollig warm, aber zumindest gefriert
nichts.

Sturmlampen-Tipp 53

Sturmlampen. Sie sind wesentlich heller als z.B. Kerzen und
bei korrekter Verwendung auch sicherer. Bei "kleiner Flamme"
ist ihre Leuchtdauer beachtlich. Auch sie geben natürlich
Wärme ab (keine grosse Hitze sondern wirklich behaglich
warme Luft) und verbrauchen Sauerstoff, das sollte man in
geschlossenen Räumen beachten. Auf Flohmärkten findet man
oft alte Sturmlampen, die meistens noch ihren Dienst tun. In
der Regel muss man aber einen neuen Docht besorgen.

Docht-Tipp 54

Messt am Brenner die Breite des so genannten Flachdochtes aus, um den richtigen zu kaufen. Die Breite wird übrigens im Maß "Pariser Linie" angegeben. Eine Linie ist grob 2 einviertel Millimeter. Viele Dochte für Sturmlampen sind 5-linig, also etwas unter 12mm. Ich habe mir mal irgendwann einen Meter davon zugelegt und das reicht vermutlich ewig.

Zweiter Docht-Tipp 54b

Es gibt Sturmlampen mit vergrössertem Tank. Dadurch steigt natürlich die Brenndauer der Lampe ohne Nachtanken immens. Hält ein normal grosser Tank schon um die 20 Stunden (je nach Flammengrösse natürlich), dann kann es bei einem grossen Tank schon über 100 Stunden sein. Das Problem: Der Docht schafft es bei zunehmend leerer werdenden Tank nicht mehr allein, den Brennstoff nach oben zur Flamme zu bewegen. Werksseitig wurden deswegen zumindest bei den bekannten Feuerhand-Lampen so genannte Saughilfen mit eingesetzt, die den Docht unterstützen. Bei den von mir gebraucht erworbenen Lampen fehlte bei beiden mit grossem Tank diese Saughilfe. Also selber bauen: Es muss saugfähiges Material sein, welches möglichst weit oben im Tank um den Docht anliegt, damit dieser unterstützt werden kann. Filz sollte gehen. Ich nahm einen ca. 3cm breiten und 12cm langen Streifen von einem Frottee-Handtuch, schnitt an einem Ende einen engen Schlitz für den Docht rein, tüdelte beides eng zusammen und steckte dann den Docht samt Bastelsaughilfe vorsichtig in den Tank, so dass die Saughilfe möglichst da saß, wo sie wirken sollte. Man kann zwar nicht reinschauen, hat aber hervorragend funktioniert. Auf meinem Bild sitzt die Saughilfe noch recht weit oben. Der Docht muss natürlich länger oben rausschauen, um noch durch den Brenner zu kommen. Aber das ergibt sich beim Reinfummeln.

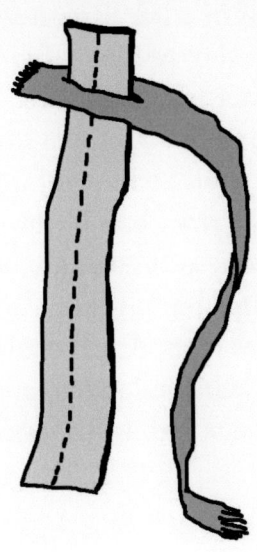

Lampenöl-Tipp 55

Petroleum oder Lampenöl ist recht teuer, wie ich finde. Eine
sehr gute Alternative: *"Aral Ultimate Diesel"*. Das soll keine
Werbung sein, aber dieser spezielle Diesel ist ziemlich
geruchsfrei, russt nicht, ist günstiger als Lampenöl und
funktioniert prima in den Sturmlampen.

Sturmlampenofen Tipp 56

Möchte man die erzeugte Wärme einer Lampe gern haben,
aber das Licht stört einen, weil man vielleicht schlafen will?
Auf keinen Fall mit einem Tuch etc. abdecken! Besser einen
Blechmantel drum herum stellen. Vielleicht eine grosse
Wurstdose? Oder man kantet sich aus Blechen ein Vier- oder

Sechseck (oder lässt das in einer Schlosserei machen). Eben so hoch wie die Lampe und entweder auf kleine Steine stellen oder unten einige Löcher reinbohren, da die Lampe ja Luft braucht und sich diese auch von unten holt. Das Blech nimmt die Wärme des brennenden Lichtes auf und gibt sie aussen wieder an den Raum ab, das Licht bleibt drinnen. Nach oben strahlt die Lampe ja sowieso Wärme ab, haltet mal die Hand darüber, wenn die Lampe brennt. Die Flamme kann ruhig recht klein eingestellt werden, damit die Brenndauer zunimmt. Das ist dann wahrlich kein Bollerofen, aber besonders in kleinen Räumen durchaus gemütlich warm und allemal besser als frieren.

Hobo Tipp 57

Hobo-Ofen (siehe auch "Ausrüstung"). Ein Hobo-Ofen ist für die langfristige Erwärmung eines Raumes auf eine behagliche Temperatur eigentlich ungeeignet. Denn vom Prinzip her nutzt solch ein Ofen den Kamineffekt, um z.B. mit wenig Brennmaterial dennoch schnell eine recht grosse Hitze zu erreichen, die auch noch gezielt nach oben geleitet wird (im Gegensatz zu einem normalen Feuer, welches seine Wärme ja rundherum abstrahlt). Zum Kochen perfekt. Deswegen heisst das Teil auch eigentlich „Hobokocher". Aber viele kennen bestimmt diese Anzündkamine für den Grill: Der Hobo-Ofen ist nichts anderes. Man kann dergleichen also verwenden, um Kohle oder Briketts auf Temperatur zu bekommen, die danach in einen Grill geschüttet langanhaltend ihre Wärme abgeben können.

Ausrüstung

Ich persönlich halte wenig davon, sich für etliche hundert Euro(!) diverse Ausrüstungsgegenstände anzuschaffen, nur um diese im besten Falle nie zu verwenden. Sicher gibt es da ganz tolle Wasserfilter, Kocher aus Titan, die mit fast allem brennen, erprobte Überlebensmesser und Schlafsäcke, in denen es bei minus 20 Grad noch kuschelig warm ist. Aber sowas kostet echt Geld und wenn man z.B. eine vierköpfige Familie hat, ist es bestimmt nicht für jeden möglich, alles mehrfach vorzuhalten. Wenn doch: Gratuliere, Sie müssen sich wahrscheinlich keine Sorgen machen! Für alle anderen, die vielleicht auch noch auf einen schönen Urlaub sparen möchten habe ich den lapidaren Tipp: Eine Decke ist besser als keine Decke. Irgend ein Messer besser als keines usw. Natürlich ist es ärgerlich, wenn man sich im Falle eines Falles auf zu billige Sachen verlassen muss, aber zwischen Gut oder Billig gibt es doch noch einige Produkte, die zumindest ausreichend sind und dennoch bezahlbar.

Und vermutlich ist meine Liste über die Ausrüstung bei weitem nicht vollständig. Das kann sie auch niemals sein, weil jeder etwas andere Prioritäten hat. Es ist eben, wie der Titel des Buches schon sagt, eine Sammlung an Tipps, die den ein oder anderen bei seinen Gedanken unterstützt. Ich will auch gar keine Liste an „Dingen, die man unbedingt haben muss" zusammenstellen sondern eher fokussieren, worauf man achten kann. Denn wird man erstmal auf eine Idee gestossen, dann ist die nächste gute Idee vermutlich nicht mehr weit. Im Sinne von: Da muss man erstmal drauf kommen, jetzt weiss ich weiter! Deswegen gehe ich auch eher auf Werkzeug ein, so kann man sich in der Not vielleicht das notwendige Ausrüstungsteil selber bauen...

Trödel-Tipp 58

Auf Flohmärkten etc. die Augen offen halten. Lieber etwas gutes Gebrauchtes für ein paar Euro erwerben, weil man es vielleicht nie wirklich benutzt, als die neuste Taktik-Technik Online zu bestellen und dieses teuer bezahlen. Oft weiss der Trödel-Verkäufer gar nicht recht, was er da verkauft und mit etwas Geschick hat man eine feine Sturmlampe, ein altes aber solides Messer, ein erfahrenes Beil, einen Handkurbelmixer oder gar einen kleinen Ofen.

Altes Werkzeug Tipp 59

Was man auf Flohmärkten oft findet, wenn man die Augen offen hält: Werkzeug. In grossen rostigen Kisten unter den Flohmarkttischen liegen wahre Schätze. Eine Bohrmaschine zum Kurbeln, mit Bohrfutter! Gold wert, wenn man in der Not was basteln muss (und das muss man bestimmt). Feilen, Sägen: Für ein, zwei Euro immer mitnehmen. Aber denkt an diverse Sägen für Holz *und* Metall. Schraubzwingen, um zwei oder mehr Bauteile vorübergehend zu verbinden oder zu fixieren. Je mehr desto besser, eine Zwinge erspart eine helfende Hand.

Büromensch Tipp 60

Wer so gar nicht handwerklich begabt ist, der sollte sich langsam damit versuchen, um etwas Übung zu bekommen. Vielleicht gibt es ja einen Bekannten oder Verwandten, der einem was zeigen kann oder mit dem man gemeinsam was baut. Oder bei der nächsten Volkshochschule gibt es einen Lehrgang für... irgendwas handwerkliches. Aber seid geduldig: Nicht umsonst dauert eine Handwerkslehre in der Regel mehrere Jahre, nicht ein paar Wochen...

Löcher Tipp 61

Hat man eine Kurbelbohrmaschine ergattert, dann benötigt man natürlich auch Bohrer dafür. Am besten man holt sich bei Gelegenheit ein Bohrerset, wo mehrere von 2,0 bis 10mm enthalten sind. Metallbohrer. Mit denen kann man auch in Holz und Kunststoff Löcher kriegen.

Bohrer Tipp 61b

Am häufigsten wird man Löcher im Durchmesser von 4 bis 6 mm bohren müssen. Besorgt euch davon gleich einige Bohrer mehr, dann müsst ihr diese nicht nachschleifen (was ihr ohne Übung eh nicht schafft) und gerade die 4mm-Bohrer werden gerne beim flotten Bohren abgebrochen. Da ist es ärgerlich genug, die Bohrerreste aus dem halbfertigen Loch rauszupulen und -klopfen. Schlimmer wäre es, wenn das gerade der letzte Bohrer gewesen wäre.

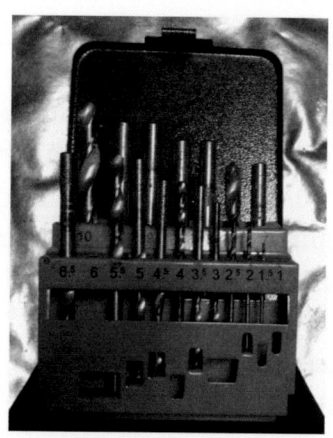

Schweissen Tipp 62

Ihr könnt schweissen? E-Schweissen? Nicht nur das so
genannte Schutzgasschweissen? So richtig mit Elekrode,
Schweisszange, Kappe und Schlackehammer? Dann hilft euch
vielleicht dieser Tipp: Eine Autobatterie liefert einiges an
Ampere. Und diese Ampere benötigt man auch zum
schweissen. Wenn man sich auf 2mm-Elektroden beschränkt,
reichen vermutlich schon 45-60 Ampere, um eine Naht
schweissen zu können. Und das geht mit einer Autobatterie!
Zündet nicht so schön, schweisst sich nicht so schön, aber mit
etwas Erfahrung bekommt man eine haltbare Naht hin, wenn
man auch keine dicken Teile damit zusammen bekommt.
Sollte die einzelne Autobatterie nicht genug Ampere liefern
können, dann muss man eben zwei oder mehr hintereinander
schalten. Pluspol an Minuspol und so weiter. Achtet auf
ausreichende Kabelstärken! Das Überbrückungskabel vom
Auto ist schon mal eine gute Idee. Das Massekabel kommt, wie
der Name sagt, an den Minuspol, die Schweisszange mit der
Elektrode (was durchaus auch nur eine Schraubzwinge oder
eine solide Pumpenzange sein kann) kommt an den Pluspol.
Niemals ohne Schutz in den Schweissfunken schauen! Wer das
schon mal gemacht hat der weiss, wo von ich rede. Hat man
kein Schweissglas, dann hilft auch keine Bierflasche, das ist nur
eine Legende und macht eure Augen kaputt. Dann lieber blind
Punkt für Punkt schweissen. Eine Sonnenbrille reicht auf
keinen Fall als Schutz für die Augen!
Macht nichs unüberlegtes. Dann lieber zwei bis vier Löcher
bohren und eine Schraub- statt eine Schweissverbindung
verwenden. Aber gerade, wenn man Zeitmangel hat, ist

Schweissen vielleicht die bessere Alternative. Doch denkt dran: Die Autobatterien werden nach einem längeren Schweissvorgang vermutlich kurz vorm Ende sein und diese Energie kann man auch für andere wichtige Sachen verwenden (CB-Funk, Licht, Auto starten...). Oder man muss die Batterien mühsam über den Fahrradgenerator aufladen, was ja auch wieder Zeit kostet.

Nebentrödeltipp:

Ein durchlöcherter Blecheimer kann noch eine tolle kleine Feuertonne abgeben, oder eine Dusche, je nach Lochgrösse.

Alte Messer schärfen Tipp 63

Auf dem Flohmarkt sehe ich immer wieder gebrauchte Schleif- und Wetzsteine, wo der Besitzer bestimmt nichts mehr mit anfangen kann oder gar nicht weiss, was er da feil bietet. Diese sind natürlich ideal, um alte Messer, sei es Küche oder Werkzeug, zu neuer Schärfe zu führen. Ich habe mal vor Jaahren einen für zwei Euro auf dem Flohmarkt geholt, und der macht bis heute meine Klingen scharf. Neu müssen die aber auch nicht viel kosten (können aber, ggf. Preise und Qualität vergleichen). Meiner hat eine grobe und eine feinere Seite. Über das korrekte und exakte Schärfen von Klingen gibt es auch ganze Bücher, aber für das olle Kartoffelschälmesser oder sonstige Gebrauchsklingen reicht es, die Klinge einfach flach über den Stein zu ziehen, so dass man spürt: die vordere Kante der Schneide liegt gerade noch auf. Ein- zweimal von jeder Seite der Klinge und erst grob dann fein und fertig. Mit der Zeit kriegt man schon den richtigen Schwung hin. Das Ziehen der Klinge über den Stein muss ja nicht schnell gehen, lieber gleichmässig. Und noch ein Nebentipp: Sehr spitz geschliffene Klingen werden auch schneller wieder stumpf... lieber den Winkel nicht gaaaaanz so flach wählen und dafür länger was von der Klinge haben. Alles Übung, ihr schafft das schon.

Der Hintergrund für das Vorbereiten und üben: Wenn kein Strom mehr da ist, muss man vieles wieder manuell machen. Und da man mit einem Messer unheimlich viel machen kann, sollte dieses auch eine möglichst gute Gebrauchsschärfe behalten. Und Beil, Sense und Taschenmesser können mit so einem Schleifstein natürlich auch geschärft werden.

Sense Tipp 63b

Apropos Sense schleifen: Versucht das bitte nicht wie oft gesehen in einem langen Zug über die ganze Klinge sondern immer in kleinen Schritten, so 10-15cm hinten und vorne abwechselnd, bis ihr die ganze Klinge durch habt. Das ist wesentlich sicherer für eure Hände und liefert eine bessere Schärfe.

Radio Tipp 64

Normalerweise hat doch jeder irgendwo ein Batteriebetriebenes Radio rumstehen. Wer sich extra eines besorgen möchte, der sollte darauf achten, dass ausser UKW auch Mittel- und Kurzwelle empfangen werden kann. Wer weiss, auf welchen Frequenzen bei einer Krise noch gesendet werden kann. Es gibt auch schon günstige Radios mit eingebauten LED-Leuchten und Dynamokurbeln. Echt praktisch, so ist man vom Strom noch unabhängiger und hat gleich eine Lampe dabei.

Autoradio Tipp 64b

Im Auto ist auch meist ein Autoradio, siehe auch "Strom", Tipp 4. Moderne Geräte lassen sich meist nicht mehr ohne weiteres ausbauen, aber ältere Modelle haben meist an beiden Seiten eine Verriegelung, die man durch Einstecken von (speziellen) Drähten entriegeln kann. Selbst wenn man das schafft, hat man immer noch weder Lautsprecher noch Antenne. Gut, Bastler können das Auto auch so weit zerlegen, dass man da auch noch ran kommt. Vermutlich lohnt der Aufwand nicht, muss man doch alles an einem anderen Ort wieder zusammen zum Laufen bringen. Wer es doch will: Als Antenne reicht notfalls auch ein dünnes Kabel. Dieses schliesst man an den Innenpol der Antennenbuchse im Radio an, aussen am Ring kommt nix. Damit kann man schon einiges empfangen, wenn man es hoch genug aufhängen kann (Bindfaden?). Als Lautsprecher reicht ein einziger, Nachrichten über Notsituationen lassen sich auch Mono statt Stereo verstehen.

CB-Funk Tipp 65

Radio bedeutet, aktuelle Nachrichten zu empfangen. Funk bedeutet, auch welche senden zu können. Im Gegensatz zum Amateurfunk, wo man eine Prüfung ablegen muss und es mit relativ kostspieligem Equipment zu tun hat, ist CB-Funk der wahre Jedermanns-Funk. Es hat aber eine wesentliche Einschränkung gegenüber dem Afu: Die Reichweite ist geringer. In der Regel kann man mit 25-40km rechnen, je nach Wetterlage auch mit mehr. Das ist nicht viel, aber wenn weder Festnetz- noch Mobiltelefon funktionieren und das Internet somit auch nicht mehr erreichbar ist, dann ist CB-Funk eine attraktive Alternative. Schneller als Brieftauben, die eh kaum noch jemand hat. Und weil CB-Funk noch recht gut verbreitet ist hat man auch gute Chancen, einen Gesprächskontakt zu finden. Die Qualität des möglichen Funkverkehrs steht und fällt mit den verwendeten Geräten, insbesondere mit der Antenne. Auch für dieses Thema gibt es schon viele Bücher und es ist mir unmöglich, dass hier auch nur ansatzweise abzudecken. Ein paar Hinweise kann ich aber gerne geben:

Ich habe mir meine Gerätschaften gebraucht bei einem Online-Auktionshaus ergattert. Für alles zusammen keine 60 Euro. Man benötigt nur folgendes:

- Funkgerät, auch TRX genannt
- Antenne samt Kabel
- Stehwellenmessgerät (SWR)
- Strom für das Gerät

Nun zu den einzelnen Punkten:

Funkgerät: Alte Geräte haben meist nur 40 Kanäle, neuere 80. Mehr Kanäle erhöhen natürlich die Kommunikations-möglichkeiten, aber auch mit 40 Kanälen ist man dabei. Ich habe eines, das für den KFZ-Einbau gedacht ist. Dort nutze ich es zwar nicht, sondern im Haus, aber es ist angenehm klein und man kann es mit 12V betreiben. Dazu habe ich noch ein Verstärkermikrofon. Was es genau bringt weiss ich gar nicht, ich hatte bisher keine Vergleichsmöglichkeit.

Antenne: Eine „richtige" Antenne ist ca. 5,5 Meter lang, auf Grund der Wellenlänge, mit der gearbeitet wird. Das kann natürlich kaum einer realisieren. Es gibt aber auch kürzere Modelle, die dann eine Spule im Fuss haben, quasi als Ausgleich. Als Extrem gibt es so genannte Stummelantennen, diese kann man z.B. mit Magnetfuss am Auto befestigen. Natürlich ist die Leistung nicht so prall. Ich denke, für die Hausmontage (Regenrinne, Balkon, Schuppen) geht eine Antenne mit 1-1,5m. Ich habe eine DV 27 S. Laut Expertenmeinung ein durchaus brauchbares Modell. Auch über Antennentechnik kann man mehr lesen als ich verstehen kann, deswegen versuche ich gar nicht erst, hier Tipps zu geben.

Ausser: Das Stehwellenmessgerät. Dieses braucht man bei der ersten gemeinsamen Inbetriebnahme von Funkgerät und Antenne, um beide auf einander abzustimmen. Auch hier möchte ich keine genaue Anleitung geben, weil es zu Umfangreich wird, lasst mir nur den Hinweis: Wer eine Antenne ohne Abgleich der SWR an ein Funkgerät anschliesst und betreibt, risikiert einen Geräteschaden, weil eine starke

Welle von der Antenne zurück ins Gerät gelangen kann. Deswegen der Stehwellenabgleich, ideal ist 1:1, aber 1:1,5 soll auch noch OK sein. Alles über 1:3 ist auf jeden Fall sehr schlecht! Im Internet finden sich aber gut verständliche Anleitungen. Bei guten Messgeräten sollte auch eine dabei liegen.

Ihr braucht natürlich ein Antennenkabel vom Antennenfuss zum Funkgerät, in den meisten Fällen werden so genannte PL-Stecker verwendet. Für das Einstellen der Stehwelle braucht ihr noch ein weiteres, kurzes Kabel, welches auch auf jeder Seite einen Stecker hat, weil ja das SWR zwischen Funke und Antenne gesteckt werden muss.

Einmal in Betrieb genommen macht ein Funkgerät wenig Arbeit. Ich versorge meines über eine kleine 12V-Batterie. Ich plane noch, diesen Akku über ein Solarpanel laden zu lassen, so habe ich ein vollkommen autarkes System. Die erste Zeit habe ich mein TRX nur wie ein Radio verwendet: Einfach mal durch die verschiedenen Kanäle geschaltet und gelauscht, wie andere miteinander umgehen. Das guckt man sich dann ab und ist einfach genau so nett wie die anderen, dann wird es schon was mit dem Funkverkehr.

Ich vermute, in einer Notlage wird einiges mehr auf den Kanälen los sein, weil die Leute nach und nach anfangen, ihre alten Geräte wieder hervor zu kramen und in Betrieb zu nehmen. Wer weiss, vielleicht gibt es dann ein Meldenetz quer durchs Land? Und wenn man sich z.B. in Norddeutschland sitzend versichern kann, dass es den Verwandten in Bayern gut geht: Fein! Lasst der Meldung ruhig ein paar Tage Zeit, ein schnelleres Nachrichtensystem wirst du nicht finden (ausser eben den Amateurfunk).

Hier auf dem Bild oben das SWR, da unter das alte CB-Funkgerät und vorn sieht man das Mikrofon.

Erste-Hilfe-Tipps

Eigentlich sollte Erste Hilfe so wie notwendige Medikamente kein Thema sein, denn auch im Alltag ist das Wissen darum natürlich extrem sinnvoll. Ich möchte das aber dennoch erwähnen, zum einen der Vollständigkeit halber und zum anderen, weil es eben wichtig ist.

Ersthelfer Tipp 66

Vermutlich ist bei den meisten der letzte Erste-Hilfe-Kurs so lange her, wie der Führerschein alt ist. Es kann also nichts schaden, einfach wieder mal einen Ersthelfer-Lehrgang zu besuchen, vielleicht sogar mit der ganzen Familie? Dort wird schon vieles hilfreiches vermittelt.

Hausapotheke Tipp 67

Dann kann man ruhig mal die Hausapotheke überprüfen, sicher hilft der Apotheker hier gerne weiter.
Was auf jeden Fall mit rein sollte:
- [W] Medikamente gegen Schmerzen, Fieber und Erkältungskrankheiten
- [W] Brand- und Wundgel
- [W] Salben gegen Verspannungen und Blutergüsse
- [W] Hustensaft
- [W] Nasentropfen
- [W] Mittel gegen Juckreiz/ Insektenstiche
- [W] Abführmittel
- [W] Mittel gegen Durchfall und Verdauungsstörungen

- ☒ Wund-Desinfektionsmittel
- ☒ Wundheilmittel bei Kratzern, Schürf-, Schnitt- und Brandwunden
- ☒ Natürlich ausreichend Verbandsmaterial und Pflaster
- ☒ Das klassische Dreiecks-Tuch, ein vielseitiger Helfer

Man sollte sich bewusst sein, dass es z.B. bei einem Stromausfall viel schneller zu Verletzungen kommen kann, weil man sicher gerade etwas macht, tut, werkelt, wenn der Strom plötzlich ausfällt. Unter der Dusche? Am Kochen mit heissem Wasser? Gerade eine Bohrmaschine o.ä. in der Hand? Steht gar noch auf einer Leiter? Oder es ist plötzlich einfach nur dunkel und man rennt irgendwo gegen? Schnell ist selbst ein kleines Unglück geschehen und da ist es doch gut, wenn man sich genau so schnell zu helfen weiss.

Chronische Krankheiten Tipp 68

Weiter möchte ich keine medizinischen Ratschläge geben, aber informiert euch bitte rechtzeitig. Besonders, wenn jemand chronische Krankheiten hat, auf die man achten muss und wo vielleicht permanent entsprechende Mittelchen wie Tabletten oder Salben verabreicht werden oder zumindest parat sein müssen. Allergien, Diabetis? Es ist immer gut, hier auch alternative Behandlungsmethoden zu kennen (z.B. senkt Alkohol den Blutzuckerspiegel).

Anti-Tampon-Medizin Tipp 69

Solltet ihr irgendwo aufgeschnappt haben, dass man Tampons in offene Wunden stecken soll, um diese abzudichten: Vergesst das gleich wieder! Das ist medizinisch gesehen Unsinn und kann noch viel grössere Schäden verursachen (weil sich zum Beispiel die Wunde nicht selbst schliessen kann).

Unfall-Vermeide-LichtTipp 70

Wer gegen plötzliche Dunkelheit vorbereitet sein will, muss nicht immer mit einer Stirnlampe rumlaufen, aber verteilt schon jetzt im Haus kleine Taschenlampen, die kann man so wie so immer mal gebrauchen. Ganz Pingelige können Umschläge vorbereiten, in denen Streichhölzer und kleine Kerzen oder Teelichter drin sind und diese Umschläge an Türecken, oben in die Zargenwinkel etc. kleben.

Unfall-Vermeide-Tipp 70b

Kommt es zu einem Stromausfall, dann bitte sobald wie möglich nachsehen, ob noch irgendwelche elektrischen Geräte eingeschaltet sind. Nicht, dass der Strom wiederkommt und auf einmal der Toaster dampft, der Fön losdüst oder irgendwo eine Bohrmaschine losgeht. Abgesehen davon, dass das Stromnetz gleich wieder wegen Überlast zusammenbrechen kann, werden durch diese Kontrolle echt fiese Unfälle vermieden.

Dreifach-Alltagsdinge-Tipp 71

Alltagsdinge vermisst man zum einen schnell, wenn sie auf einmal nicht mehr verfügbar sind und zum anderen kann man vieles dieser Alltagsdinge für andere Dinge verwenden.
Müllbeutel kosten nicht viel, da kann man sich ruhig einige Rollen auf Halde packen. Genau wie Toilettenpapier. In Müllbeutel kann man zur Not "rein machen" (siehe „Wasser"), mit Klopapier kann man sich auch die Nase putzen, die Hände abwischen, eine blutende Wunde abdecken etc. Dafür produziert man wahrscheinlich weniger Verpackungsmüll als sonst, hat die Müllbeutel also auch für was anderes über... und wenn man damit nur Schnee zum Auftauen rein holt oder irgendwo rantüdelt, um Wasser aufzufangen.
Genau wie Gummibänder und Wäscheklammern: Das können überaus nützliche Helfer für vielerlei Kleinigkeiten sein.

Müll-Tipp 72

Natürlich hat man noch Müll, Abfall, den man irgendwie ordentlich entsorgen sollte. Da vielleicht die Müllabfuhr erstmal nicht regelmässig kommen wird, sollte man seinen Kram nicht einfach hoffnungsvoll an die Strasse kippen. Denn davon abgesehen, dass wohl keiner das abholen wird, kann ein Haufen Müll an der Strasse für andere (ungewünschte Besucher) durchaus ein Hinweis sein, das da jemand ist, der diesen Müll produziert. Aber einfach in der Wohnung sammeln ist ja auch nicht angesagt. Nein, hier ist noch mehr als vorher Mülltrennung empfohlen! Biomüll? Essensreste werden wohl nicht dabei sein, denn wer isst denn da seinen

Teller nicht leer? Und kommt mir nicht mit Wurstzipfeln, die ihr vielleicht nicht so gerne esst, oder mit weichen Stellen am Apfel, die rausgeschnitten wurden. Brav alles aufessen oder den Hühnern geben! Folien und ähnliche Umverpackungen kann man zum Isolieren von Schlitzen, Rissen und Hohlräumen verwenden (aber besser nach der Krise wieder entfernen...), Pappe brennt zur Not, kann aber verhältnismässig viel Russ und Rauch erzeugen, nicht immer gut. Und Altpapier ist in der Not „fürn Arsch"... ordentlich zerknittern und dadurch weicher machen, dann geht das schon.

Tabak-Tipp 73

Apropos Rauch: Raucher (siehe auch Vorwort). Wenn "wasauchimmer" geschieht, ist es vermutlich auch nicht mehr so einfach, an seine Lieblingsglimmstengel zu kommen. Ein echter Raucher kann hier gewaltige Abstriche machen und Sucht hin oder her: Als Motivation, Trost oder Ablenkung kann etwas Tabak immer gut sein. Selbst meine Frau sagte: "Also wenn ein Blackout kommt, dann fang ich wieder an!". Ich selbst rauche ja schon ewig nur Tabak, drehe also selbst. Und seit einiger Zeit habe ich mir angewöhnt, die krümeligen Reste in den Packungen nicht immer weg zu schmeissen sondern in einem dichten Gefäss zu sammeln. In meinem Fall handelt es sich bei diesen Gefässen um Behälter, in denen Instand-Eistee drin war. Da passt einiges rein und die lassen sich gut verschliessen. Normalerweise würde ich den Krümelkram nie nicht rauchen und schmeisse diese Reste auch oft weg, aber ich möchte fast jede Wette abschliessen: Wenn man nicht mehr eben mal zur Tanke kann, um sich Nachschub zu holen (und dazu reicht vielleicht schon ein tagelanges Schneegewirbel, also keine langandauernde Krise), dann wird dieses trockene Kraut in Dosen für mich sehr wertvoll…

Pfeifen-Tipp 73b

… und wenn ich kein Zigarettenpapier habe, um mir eine Fluppe zu drehen, dann finde ich vielleicht eine Gipspfeife von einem längst gegessenen Stutenkerl. Oder ich schnappe mir mein Messer und schnitze mir eine Pfeife, Kolben und Saugrohr und fertig. Nicht, dass ich mich darauf freuen werde, aber ich nehme an, das dann gerauchte Pfeifchen wird mir besonders schmecken. Oder ich entdecke den Moment, wo ich aufhören kann zu rauchen...

Vorratskistenergänzungs-Tipp 74

Was muss ich bevorraten? Natürlich Nahrungsmittel. Wie wir unter „Nahrung" schon gelesen haben, kann das am besten in passende Vorratsbehälter sicher gesammelt und verstaut werden. Nun ist zum einen immer noch etwas Platz zwischen den Dingen im Behälter und zum anderen kann man da hinein viele weitere nicht essbare Dinge packen, die man immer mal brauchen kann.

Ein Taschenmesser kann sicher nicht schaden. Ruhig in jede Kiste eines. Es muss ja nicht das teuerste Schweizer Modell sein. Klopapierrollen kann man platt drücken und so noch mit in den Behälter bekommen. Eine Rolle Paketschnur oder ähnliches, kann man immer gebrauchen. Vielleicht noch ein paar Gewürze, damit das Essen nicht ganz so fad schmeckt. Gefrier- oder Müll-Beutel bekommt man sicher auch noch verstaut, bestimmt auch ein paar Teelichter und Streichhölzer. Wer ganz sicher gehen will kann auch noch einen alten kleinen Topf mit einpacken, ggf. günstiges Campinggeschirr? Dazu noch Löffel, Gabeln, Becher... eventuell aus Plastik. Eine Flasche Wasser wäre der krönende Abschluss. Und wenn man so weit ist, dann passt vielleicht noch ein Espitkocher mit rein? Und das alles in einem grossen blauen Müllsack, der aufgeschnitten als Überdachung gegen Regen (dank Paketschnur irgendwo angebunden) dienen kann. So wird der Vorratsbehälter langsam zum All-in-one-Überlebenspaket, auch wenn nicht jede Kiste so gefüllt sein muss. Packt doch noch ein Handtuch mit rein...

NotNotkocher-Tipp 75

Espitkocher für Sparfüchse: Ich verwende dafür aber weder
Espit noch einen Kocher :) Man nehme eine leere Erdnussdose
und sticht am unteren Rand viele kleine Löcher rein. Am
oberen Rand macht man mit einer soliden Schere im Abstand
von 2-3 cm kleine Einschnitte, ca. 1cm tief und eine gerade
Anzahl, so acht bis zehn. Dadurch entstehen kleine Laschen,
wovon man jede zweite nach aussen biegen kann. Mit diesen
Massnahmen ist der Luftaustausch gewährleistet. Als
Brennmittel kann man z.B. Grillanzünder verwenden. Die gibt
es als weisse Tafeln in eigentlich jedem Supermarkt. Diese
brennen nicht ganz so gut wie Espit, aber so ungefähr acht
Minuten schaffen die wohl. Wenn die unteren Löcher nicht all
zu niedrig gesetzt wurden, dann kann man auch so genanntes
Brenn-Gel/ Brennpaste oder gar Ethanol verwenden (kann
gefährlich sein, nicht auf dem Wohnzimmertisch und am
besten gar nicht drinnen versuchen!). Oben auf die Dose kann
man dann einen Topf stellen. Das ist natürlich wirklich nur ein
Notkocher, aber immerhin extrem günstig. Natürlich kann
man auch Notkocher kaufen, der Schweizer M71 soll einfach
und klasse sein (und mit Brennpaste nachfüllbar). Leider
werden diese immer teurer statt günstiger, warum wohl?
Der Erdnussdosenkocher ist fast ein Hobokocher. Rein
theoretisch könnte man jedes beliebige Brennmaterial
reinpacken. Auf Grund der geringen Grösse aber nicht
unbedingt sinnvoll. Wer es doch machen will oder muss:
Stecht in den Boden der Dose viele viele Löcher und stellt die
Dose auf drei kleine Steine etc., dann funktioniert der
Kamineffekt am besten.

Ich habe mal ein Bild gemacht von einem, den ich wirklich eben schnell gebastelt habe: Extra nach draussen bei minus 5 Grad gegangen und mit einer Küchenschere die Schlitze oben rein und mit einem alten Dartpfeil die Löcher unten rein (sieht man im Schatten). Nicht schön, aber man hat die Flamme etwas kontrolliert und einen Ständer für einen Topf.

Dosen-Tipp 75b

Überhaupt Erdnussdosen. Ich liebe Erdnüsse und ich liebe diese Dosen. Wenn man welche mit Deckel hat, dann kann man die für unglaublich viele Dinge verwenden. Also nicht wegschmeissen sondern sammeln! Darin bewahre ich z.B. mein Trockenobst auf, Gummibänder, auf dem Schreibtisch Stifte, die Hühner kriegen ihr Futter mit solch einer Dose, Ich habe die schon beim Camping als „Not"-Becher verwendet, weil Abends spontan mehr Gäste da waren als erwartet, in der Garage liegen darin Schrauben und ähnliches. Wenn man erstmal welche ausgewaschen da hat, dann kommt man von selbst auf vielfältige Nutzungsmöglichkeiten. Hatte ich nicht irgendwo das Dosentelefon erwähnt?

Denken an andere – Tipp 76

Ganz bestimmt passen in die Vorratskisten in irgendwelche Ecken und Lücken noch Müsliriegel. Diese können einem selbst als Vorrat reichen, aber vielleicht sollte man auch mal an andere denken: Hat das Rentner-Ehepaar von Gegenüber denn genug zu essen? Die junge Familie mit ihrem kleinen Kind? Sicher können wir, die Vorsorger, nicht für alle anderen mitdenken und -planen, aber ein paar Müsliriegel als nette Geste, für das eigene Gewissen oder gar als Dank für Hilfe etc. ist doch wirklich nicht schlimm, oder? Und warum nicht denen dieses Buch leihen oder Tipps daraus abschreiben lassen? Wenn andere wissen, wie sie an Wasser kommen können oder wie sie aus ihrem Mehl und Öl noch so etwas wie Brot hinbekommen: Toll!

Bindfaden Tipp 77

Wie schon weiter oben erwähnt, könnte ja noch eine Rolle Paketschnur mit bevorratet werden, weil mans immer gebrauchen kann. Aber wofür? Ich zähle mal einige Dinge auf, damit ggf. im richtigen Moment die richtigen eigenen Ideen kommen:

Hat man keinen Topf mehr zum kochen (warum auch immer), dann muss man vielleicht eine Konservendose dafür verwenden. Mit einem Stück Paketschnur tüdelt man sich dort schnell einen Ersatzhenkel dran, um die Dose tragen zu können, ohne sich die Finger zu verbrennen oder um die Dose an einen Halter, ein Dreibein etc., zu hängen. Mit Schnur lassen sich auch zwei Latten oder Holzstäbe notdürftig verbinden, man kann die Schnur auch abspannen, um daran Dinge zum Trocknen dran zu hängen (von der Wäsche bis zur Petersilie...) Man kann auch einige olle Klamotten zusammenbinden, um ein Kissen zu bekommen. Oder mit der oben genannten Dose den letzten Rest Regenwasser aus einer Zisterne „angeln", wo man sonst nicht rankommen würde. Mit einer Fahrradklingel und Schnur kann man sich auch eine Alarmanlage bauen, entweder zum stolpern oder an eine Türklinke befestigt... Gardinen bzw. Laken zum Fensterabschotten können befestigt werden. Alte Zeitungen, fest zusammengerollt und gebunden, sind eine Art Notbrikett für den Kamin (naja, besser Draht nehmen). Man könnte sogar ein Dosentelefon wie aus Kinderzeiten zum Nachbarn realisieren (und wenn man das nur macht, um die Kinder zu beschäftigen). Diese Liste lässt sich vermutlich durch jeden beliebig fortsetzen und statt Paketschnur kann man auch Wäscheleine, alte Schnürsenkel oder gleich Paracord einlagern.

Paracord Tipp 77b

Paracord ist Fallschirmseil und sehr belastbar. Da es aus einer gewobenen Aussenhülle und innen aus einer Seele mit einzelnen verdrillten Schnüren besteht, kann man diese Seele auch auseinanderfummeln und hat so mehr Seil, natürlich dünner und weniger haltbar. Aber selbst eine Faser hält noch recht viel aus. Das ist einiges der wenigen Dinge, die ich mir aus dem „Profi-Segment" angeschafft habe und auch im Alltag nutze ich Paracord oft. Die abgeschnittenen Enden sollte man eben mit dem Feuerzeug oder ähnlichem heiß machen und verschmelzen, damit sie nicht auseinander fleddern.

Knoten Tipp 78

Wo wir schon bei Faden und Seil sind: Seemannsknoten haben wirklich ihre Berechtigung: Sie sind für ihre Zwecke jeweils ideal, sind auch unter Last oder mit nassem Seil leicht zu lösen und mit etwas Übung gar nicht schwer zu binden. Ich möchte hier keinen Knotenkurs anbieten, das würde zu weit führen, aber hier mal die Liste der gängigen Knoten, um sich an anderer Stelle zu informieren. Halb so schlimm:

- ☒ Palstek für eine feste Schlinge
- ☒ Webleinenstek zum befestigen an einem Pfahl etc.
- ☒ Achtknoten (oder Endknoten), damit ein Tau am Ende eine Verdickung hat

☒ Schotstek (einfach oder doppelt), zum verbinden zwei verschieden starker Taue

☒ Stopperstek, ähnlich zu binden wie der Webleinenstek, aber zieht sich unter Zug zu einer Seite fest (zur anderen Seite verschiebbar)

Wenn ihr diese paar Knoten beherrscht, ist euch im Alltag oft geholfen, wirklich! Wer bereits Feuerwehrmann oder Bergsteiger ist, wird diese oder ähnliche Knoten vermutlich schon drauf haben… für den Sportbootführerschein muss man mehr Knoten als die fünf in der Liste können. Immer wieder werdent ihr bei den Tipps einen Hinweis auf Knoten und Seile finden, denn das Verwenden von Seilen und Knoten ist eine der simpelsten Methoden, um Dinge mechanisch miteinander zu verbinden.

Notizen:

Schutz

Mit "Schutz" ist vor allem die Sicherheit gegenüber feindlich eingestellten Mitmenschen gemeint. Ich werde aber nicht auf irgendwelche Waffen, deren Beschaffung, Herstellung oder Umgang damit eingehen. Auch nicht auf irgend welche Selbstverteidigungstipps. Wer kann, will und darf: Bitte, gerne. Ich selbst habe sogar zwei Luftgewehre daheim, bin Ex-Boxer (lange her, aber gewisse Dinge hat man einfach drin). Aber zum einen sind diese Themen dermassen umfangreich, dass es bereits etliches an Lektüre dazu gibt und zum anderen helfen hier kaum halbherzig angeschnittene Tipps ala „eine Zwille oder ein Karateschlag rettet mir das Leben". Darüber hinaus gibt es hier durch aus rechtliche Vorgaben, die bedacht werden wollten. Da hilft es nichts, wenn bei einer Krise „eh alles egal ist". In Wirklichkeit wollen wir doch gar nicht, dass es soweit kommt.

Schütze dein Heim Tipp 79

Wenn man während einer Krise in seinem Zuhause steckt und von den Vorräten zehrt gibt es sicher auch andere, die nicht vorgesorgt haben, deswegen Hunger leiden und versuchen, irgendwo was essbares zu finden. Und es ist anzunehmen, dass die irgendwann auch euer Heim entdecken. Dann ist die Frage für die einen: Gibt es dort was zu holen? Lohnt es sich, dort rein zu gehen? Und für die anderen: Was mache ich, wenn jemand kommt? Verbarrikadiert man schon vorher alle Fenster und Türen, sichert alles ab, um es Eindringlingen so schwer wie möglich zu machen? Oder zeigt man so nur, dass es hier was zu holen gibt und lockt andere nur an? Denn wenn ihr nicht gerade allein auf einem Hügel wohnt und drumherum einen Wassergraben und/ oder Zaun habt, dann habt ihr keine Festung. Und selbst die wäre irgendwann einnehmbar. Aber im Umkehrschluss so zu tun, als wenn man schon geplündert wäre, klappt sowas? Vielleicht sogar die Tür offen lassen? Das kann einem schon ein mulmiges Gefühl bringen. All diese Entscheidungen hängen von den Umständen ab. Wohnt die Nachbarschaft sehr nahe und das Verhältnis mit denen ist sehr vertrauenswürdig, dann sollte man sich zusammen tun. Vielleicht kann man sogar Lücken zwischen Häusern und anderen Gebäuden mit Brettern etc. schliessen, so dass man etwas kompakter wird. Mit vielen Leuten ist auch eine Wacheinteilung machbar, nur zur Vorsicht. Je eher man weiss, dass sich ein Haufen Menschen nähert, desto besser. Eine Familie allein muss anders vorgehen als mehrere auf einem Haufen. Ich denke, die beste Strategie ist hier: Möglichst unauffällig bleiben, es muss aussehen wie überall anders auch.

Letztendlich ist die beste Möglichkeit, wenn jemand kommt, der einem was wegnehmen will: Gebt einen Teil eurer Vorräte auf und tut so, als sei wirklich nicht mehr da. Und es ist ja so: Die, die vor euch stehen, haben wohl auch nur Hunger, da tut ihr also was gutes.

Schlechte Menschen Tipp 80

Hier eine kleine, wahre Geschichte von meiner Oma, passiert am Ende des Krieges:

Kanadische Soldatengruppen sträunten durch die Gegend, um was zu Saufen etc. zu finden und standen auf einmal bei meiner Oma in der Küche, forderten lauthals Alkohol. Meine Oma schüttelte immer wieder den Kopf, meine Mutter und meine Tante standen als kleine Mädchen daneben. Die Soldaten fingen an, die Schränke durchzuwühlen und da fand doch einer der Kerle eine Schnapsflasche hinten im Küchenschrank. Er freute sich, setzte diese gleich an den Hals und meine Oma rief noch „Nein, das ist doch... Essig!" Der wütende Soldat spuckte den grossen Schluck wieder aus und zog sogar seine Pistole, weil er auf den Schreck meine Oma erschiessen wollte. Seine Kameraden konnten ihn davon abhalten. Oma hat mir nie erzählt, ob sie nicht doch irgendwo was gebunkert hatte, aber... vielleicht wäre es das Leben wert gewesen, sowas gleich rauszurücken.

Gegen wirklich kriminelle Energie kann man vermutlich gar nichts machen, aber das ist ja auch schon ohne Krise so. Auch ich selbst müsste genau abwägen, was ich mache, wenn Menschen ohne Hemmung und Vernunft vor mir stehen. Ich bin zwar 1,88 gross, aber man wird ja auch nicht jünger.

Mit guten Argumenten kommt man vermutlich auch nicht weiter, eher mit gutem Handel. Wenn schlechte Menschen einen Deal wittern, bei dem sie einen Vorteil haben, dann kommen sie doch mal ins Gespräch. Verlassen würde ich mich darauf aber nicht. Genauso wenig auf das Vorurteil, dass solche

Menschen nicht schlau seien und man sie mit simplen Tricks verarschen könne. Skrupellos bedeutet nicht dumm.

Geld oder Leben Tipp 81

Wenn ein "richtiger" Stromausfall kommen sollte, dann werden bisherige Wertgegenstände schnell an Wert verlieren. Nutze die Gier anderer, um euch selbst zu schützen. Steht jemand vor euch, guckt euch böse an und redet was von Geld her oder dergleichen? Gebt denen das iPhone, das kann man nicht essen. Der Halunke wird das vermutlich erst viel später bemerken und ihr könnt euch zurückziehen und euch an euren Vorräten laben.

Alkohol Tipp 82

Gebt keinen Alkohol, um andere zu besänftigen. Bier, Schnaps und Wein fördern nur vorhandene Aggressionen. Aber bevor jemand zusticht rückt ihr natürlich jede Buddel raus, was solls, das eigene Leben ist wichtiger und der Gegenüber mit jedem Schluck zwar vielleicht gefährlicher aber berechenbarer.

Nochn Alkohol-Tipp 82b

Selbst solltet ihr euch auch mit dem Genuss von Alkohol zurück halten. Ein feiner Schlummertrunk ist bestimmt drin, aber geht nicht davon aus, dass ihr Körperwärme gewinnt, wenn ihr euch Schnaps reinkippt! Die Zellen werden geweitet, das Blut fliesst schneller: Ihr kühlt schneller aus, merkt es aber erst später. Ausserdem sollte man natürlich in einer Krise möglichst immer einen klaren Kopf haben. Übermut zahlt sich selten aus, Besonnenheit und klare Weitsicht um so mehr.

Medicus-Tipp 82c

Den Alkohol kann man besser verwenden, um sich und die Familie medizinisch zu versorgen. Wunden kann man desinfizieren, bei Diabetikern den Blutzuckerspiegel senken, es ist auch ein leichtes Narkotikum usw. Aber keinem stark blutenden (viel) Alkohol geben! Wie schon erwähnt wird das Blut dünner und das ist fatal, wenn man aus vielen Stellen am Körper blutet.

Werkzeugtransport Tipp 83

Tragt am besten Messer, Beile und anderes Werkzeug nicht "offen", am Gürtel oder sonst wo sichtbar. Das könnte andere nur provozieren und/ oder auf dumme Gedanken bringen. Ein Jutebeutel reicht, besser noch ein Rucksack, wo alles drin ist. Wer meint, sich direkt am Leib doch irgendwie schützen zu müssen, der kann ein so genanntes „Neck-knife" verwenden: Ein kleines, flaches Messer in einer festen Scheide, welches an einer Kordel um den Hals getragen werden kann, unterm Hemd, Pullover. Es gibt viele käufliche spezielle Modelle, aber vielleicht reicht ja eines, das man eh daheim rumliegen hat. Sowas sollte aber in jedem Fall als Werkzeug betrachtet werden, nicht als Geheimwaffe. Man kommt eh nicht so schnell daran, wie man sich vielleicht gerade einreden will.

Lebens-Tipp 83b

Feiglinge leben länger! Wägt ab! Haut ab statt drauf!

Waffen Tipp 84

Waffen nach WaffG. Das Waffengesetz (Deutschland) setzt klare Regeln. Diese werden von uns natürlich nicht umgangen, nur weil vielleicht irgendwann nach einer Krise sowieso weder Recht noch Ordnung herrschen. Deswegen werde ich da weiter auch nichts zu sagen. Wer Jäger oder Sportschütze ist, der kennt sicher die rechtlichen Bestimmungen ob und wie er Waffen besitzen und führen darf. Dennoch ein paar Fakten zum Thema:

Das „Führen" von Waffen bedeutet das zugriffbereite Bereithalten einer Waffe. Hier gibt es ganz eng gesteckte Regeln.

Druckluftwaffen mit einer Schussenergie von nicht mehr als 7,5 Joule (Stand: 1/2014) dürfen mit Vollendung des 18.

Lebensjahres erworben werden, ohne weiteren Nachweis oder Berechtigung (WBK, Waffenschein etc.). Das sind die üblichen, in DE käuflichen Luftgewehre und -pistolen. Mit CO_2 statt mit Druckluft betriebene Waffen zählen auch dazu. Übrigens fällt ein Messer mit einer festen Klinge von mehr als 12cm auch unter das Waffengesetz der BRD, genau wie einhand zu öffnende Klappmesser...

Notizen:

Mobilität

Man kann und sollte sich nicht darauf verlassen, dass das eigene Heim auf ewig Schutz gewährt. Es kann immer Gründe geben, sich fortbewegen zu müssen. Vielleicht keine Flucht für immer, sondern nur eine Fahrt für Besorgungen oder einfach ein Transport von grossen oder schweren Dingen. Und auch hier ist es gut, sich vorher Gedanken zu machen, um nachher alles besser koordinieren zu können.

Fluchtrucksack Tipp 85

Ich war mir nicht sicher, ob ich das unter Ausrüstung oder eben hier notiere. Aber da es ja um Flucht geht, welche Mobilität beinhaltet...
Die Idee ist keine doofe. Schon das „Bundesamt für Bevölkerungsschutz und Katastrophenhilfe" rät auf ihren Internetseiten:

> *"Ist ein Notfall erst eingetreten, ist es für Vorsorge-maßnahmen meist zu spät. Wenn es brennt, müssen Sie sofort reagieren. Wenn Sie und Ihre Familie evakuiert werden müssen, können Sie nicht erst beginnen, Ihr Notgepäck zu packen."*

Neben vielen anderen Tipps zu Vorräten etc. wird auch auf einen Notfallrucksack hingewiesen. Hier mal ein Auszug aus den Informationen:

Es ist etwas passiert und alle müssen raus aus dem Haus. Eine Evakuierung ist angesagt. Der Auslöser: ein Leck in der

Gasleitung, ein Brand im Nachbarhaus. Es gibt viele denkbare Notsituationen und je nachdem kann es eine längere Zeit dauern, bis Sie wieder zurück in Ihre Wohnung dürfen.

Jetzt können Sie nicht lange nachdenken, was Sie mitnehmen sollen. Deshalb machen Sie sich schon vorab Gedanken über Ihr Notgepäck und halten Sie es auch soweit wie möglich griffbereit gepackt.

- ☒ Das Notgepäck soll helfen, die ersten Tage außer Haus zurecht zu kommen. Oberste Grundregel: Nehmen Sie für jedes Familienmitglied nicht mehr mit als in einen Rucksack passt. Ein Rucksack ist praktischer als ein Koffer, da Sie beide Hände frei haben.
- ☒ Erste-Hilfe-Material, persönliche Medikamente
- ☒ batteriebetriebenes Radio, Reservebatterien
- ☒ Dokumententasche
- ☒ Verpflegung für 2 Tage in staubdichter Verpackung
- ☒ Wasserflasche, Essgeschirr und -besteck
- ☒ Taschenlampe, Schlafsack oder Decke
- ☒ Kleidung und Hygieneartikel für ein paar Tage
- ☒ Fotoapparat oder Fotohandy
- ☒ Wetterschutzbekleidung, wie eine Regenjacke und -hose oder ein langer Regenmantel
- ☒ wetterfeste Schuhe oder Gummistiefel
- ☒ Ausweise, Geld, Wertsachen
- ☒ Für die Kinder: Brustbeutel oder eine SOS-Kapsel mit Namen, Geburtsdatum und Anschrift.

Dazu gibt es eigentlich nichts mehr zu sagen. Ob man das jetzt genau so machen muss.... ich würde z.B. auf die Gummistiefel verzichten, die nehmen echt viel Platz weg. Wer mehr wissen will: Es gibt auch eine Broschüre dort: www.bbk.bund.de

Auto

Nicht jeder hat ein Auto, aber die meisten. Also ist das vermutlich das Fluchtgefährt der ersten Wahl. Liegt ja auch nahe, weil selbst in das kleinste Kfz einiges reinpasst, man ist drinnen geschützt vor Kälte etc. und man kommt recht schnell von einem Ort zum anderen, wenn man freie Fahrt hat.

Auto allgemein Tipp 86

Viele Menschen sind mit dem Auto unterwegs. Viele pendeln auch zwischen Heim und Arbeitsstätte. Ob man sich für diese immer wiederkehrenden Fahrten vorbereiten muss, weil „wasauchimmer" gerade dann passieren kann, wenn man unterwegs ist, muss jeder selber abwägen. Vermutlich ist die erste Idee immer, nach Hause zu kommen. Ich habe einen Arbeitsweg von 27km. Sollte ich das nicht vollständig mit dem Auto schaffen können, dann laufe ich halt. Dauert im dümmsten Fall einige Stunden, aber was solls.
Wer mehr Strecke macht, der kann natürlich überlegen, sich ein passendes, vielleicht Krisenfestes Fahrzeug zuzulegen. Aber was ist krisenfest? Es muss ja auch immer wirtschaftlich bleiben. Hier kann ich leider keine Tipps geben, weil jeder seine eigenen Schwerpunkte hat. Einige schwören auf möglichst simple Technik und keine Elektronik, weil das Ausfallsicherheit und höhere Reparaturchancen bedeutet,

andere möchten gern, dass das Fahrzeug möglichst alles kann. Aber weder ein Lada Niva noch ein VW T5 mit Allrad, alternativem Gasantrieb, Standheizung, Solarzellen auf dem Dach und Seilwinde sind leicht (und günstig) zu kriegen. Was im Auto auf jeden Fall (im Winter) immer Sinn macht: Eine Wolldecke, was zu trinken und was zu essen. Bei mir ist es zum einen ein Tetrapack Apfelsaft und zum anderen Butterkekse. Diese kann ich in die Decke einrollen und als ordentliches Bündel im Auto lassen. Schnell stockt mal der Verkehr im Winter, weil es Schneewehen und/ oder Unfälle gegeben hat. Und dann liegt man unverschuldet länger als geplant im Irgendwo und wartet auf irgendwas: Da ist sie schon, die kleine Krise, die mit einer warmen Decke und Nahrung gar nicht mehr so schlimm ist. Und auch hier kann man vielleicht noch ein Teelicht ins Paket stopfen. Ob da nun noch mehr rein muss, hängt wieder von jeder einzelnen Situation ab.

Hat jeder einen Klappspaten im Auto? Eine Taschenlampe? Ersatzklamotten? Einen vollständigen Fluchtrucksack? Braucht das jeder?

Fluchtauto Tipp 87

Sollte man erwägen, mit dem Auto vom eigenen Heim zu fliehen, weil die Lage vor Ort nicht mehr tauglich für ein stabiles Leben ist, dann kommen viele Entscheidungen auf einen zu. Und das Auto muss dann auch besser ausgestattet sein als für die tägliche Pendlerfahrt. Aber all die Sachen müssen ja nicht dauerhaft im Auto gelagert werden und doppelt vorhanden sein. Und vor allem steht ja auch die

Menge an verfügbarem Sprit für das Fahrzeug. Da sollte man sich schon vorher fragen, wohin man denn mit dem Auto fliehen will, wie weit man kommen muss.

Und je nach dem, wie viel Menschen mit reisen müssen, muss das Fahrzeug auch genug Platz bieten. Eine Flucht im Auto ist am Ende wie eine lange Urlaubsreise: Von Wechselklamotten über Werkzeug und Ersatzteile für kleinere Reperaturen bis zur Reiseverpflegung muss alles mit. Und vermutlich auch Schlafsäcke und Zelt. Und man kann eventuell nicht davon ausgehen, dass man unterwegs rechts ranfährt und Dinge nachkauft, die man daheim vergessen hat.

Für mich ist diese Option (im Allgemeinen Flucht von daheim) die letzte mögliche, deswegen werde ich mich nicht speziell darauf vorbereiten (höchstens mal im Geiste durchdenken, wie jetzt). Wenn es soweit kommt heisst es vermutlich noch mehr als sonst: Improvisieren.

Wer eh nur ein sehr kleines Zuhause hat, vielleicht nur eine Wohnung in einem Mehrfamilienhaus, für den könnte es sich schon eher lohnen, hier gut drüber nachzudenken. Und sei es nur, möglichst mit allem Notwendigen zum „sicheren Ort" zu kommen, siehe entsprechendes Kapitel.

Benzin Tipp 87b

Ich bin mir nicht sicher, ob es so gut ist, einfach mal 100 oder mehr Liter Benzin zuhause zu lagern. Lieber halte ich es mit folgendem Tipp: Den Tank des Autos nicht immer leerfahren, bevor man wieder tankt. Gerade im Winter, wenn man irgendwo feststecken kann (siehe oben), dann kann es Lebenswichtig sein, den Motor einfach mal laufen zu lassen, damit man nicht erfriert. Und wenn die Tanknadel dann nicht kurz vor der Reserve rumzuckt, hat man eine Sorge weniger. Als Pendler brauche ich sowieso immer Sprit im Auto, warum also mit dem Tanken warten?

Benzinkanister

Gegen ein, zwei 5l-Kanister mit Sprit spricht natürlich in keinem Fall etwas. Auch ohne grosse Krise kann man damit so manch kleine lösen. Und sei es nur, den Rasenmäher zu tanken, ohne extra noch mal zur Tankstelle zu müssen. Und wenn man einen Kocher hat, der (auch) mit Benzin betrieben werden kann so wie so.

Fahrrad Tipp 88

Viele werden vermutlich ein Fahrrad besitzen. Das ist eigentlich ein ideales Transportmittel, denn es ist technisch recht einfach, es kann also wenig kaputt gehen und man ist relativ schnell damit unterwegs. Auf jeden Fall viel schneller als Laufen. Ausserdem kommt man damit über Wege, wo man mit einem Auto nicht weiter kommt. Und wenn mal irgendwo ein Hindernis ist, dann kann man das Rad zur Not drüber oder drum herum tragen.

Man muss ja gar nicht davon ausgehen, mit dem Fahrrad fliehen zu müssen. Aber vielleicht kann man damit in einer Krise zur nächsten Lebensmittelausgabestelle? Oder man fährt zu nächsten Verwandten, um dort nach dem Rechten zu sehen? Wer das Rad als „Mobilitätsgarantie" nutzen will oder muss, der kann dieses mit Packtaschen, Körbe für den

Gepäckträger etc. extrem aufrüsten, so dass man erstaunlich viel damit transportiert kriegt. Es soll ja Leute geben, die ganze Weltreisen nur mit dem Fahrrad gemacht haben... falls ihr also das Rad mit einplant, dann bitte auch entsprechend Werkzeug und Ersatzteile vorhalten. Flickzeug wird man sicher benötigen, vielleicht eine Ersatzkette, Glühbirnen usw.

Rad flicken Tipp 88b

Übt das Flicken eines Rades. Für den Ungeübten kann das eine Herausforderung sein, für den, der es kann, ein Klacks.

Anhänger Tipp 89

Für das Fahrrad. Erweitert die Möglichkeiten enorm. Es gibt Fahrradanhänger in vielen Varianten zu kaufen, der geneigte Bastler kann sich sowas auch selbst bauen. Und wenn man das improvisieren muss, dann reduziert man die notwendigen Teile auf das Minimum. Was braucht man denn schon? Räder natürlich. Da kann man viel nehmen, was man vielleicht rumliegen hat. Steht noch irgendwo eine alte Sackkarre? Ein Kinderroller? Ein Kinderwagen? All diese Räder kann man verwenden, um sich einen Notanhänger zu bauen. Hat man alles das nicht, dann hat man bestimmt eine Mülltonne, die auf Rädern bewegt wird? Die sind zwar etwas klein, aber rund. Dazu noch einen Grundrahmen oder eine Plattform, an der die Räder und alles andere befestigt werden. Bei der Mülltonne können wir vielleicht gleich die ganze untere Mülltonne absägen, um eine Basis zu haben. Oder es liegen noch ein paar Bretter rum, die man zusammenzimmert. Oder eine Tür aus einem Möbelstück? Schaut euch um und ihr werdet genug finden. Auf die Plattform stellt man eine Kiste (wenn man die Kiste nicht gleich als Basis nimmt). Hat man Räder mit einer durchgehenden Achse, dann kann man sich Schellen aus Blechstreifen biegen, um sie zu befestigen. Gut, wenn man für diese Basteleien passendes Werkzeug hat, vielleicht vom Flohmarkt (siehe „Ausrüstung"). Mit einer Latte, einem Rohr (Zeltstange?) oder ähnliche stabilem stellen wir die Deichsel, die Verbindung zum Fahrrad, her. Wir müssen ein Stück hoch, um auf Höhe des Gepäckträgers zu kommen und dann ein Stück waagerecht. Zwei Latten mit einer kleinen Diagonalverstrebung dürten schon reichen. Hier nur eine Schnur zu nehmen ist ungünstig für das Fahrverhalten. Eine Kupplung ist toll, aber nicht zwingend notwendig. Meine Oma nahm immer ausgediente Nylonstrümpfe, um damit den Anhänger ans Rad zu tüdeln. Hat über Jahrzehnte gut funktioniert.

Natürlich kann man sich einen Fahrradanhänger samt passender Kupplung auch einfach rechtzeitig kaufen, je nach Modell sind die gar nicht so teuer. Hier weiss man auf jeden Fall, was man hat, wie viel man zuladen kann und wo man sich beschwert, falls was kaputt geht...

Anhängerlicht

Denkt dran: Um einen Fahrrad-Anhänger im Strassenverkehr bewegen zu dürfen (egal ob gebaut oder gekauft), muss dieser mit einer eigenen Rückleuchte ausgestattet sein. Das ist auch bei gekauften Hängern nicht immer der Fall.

Muli/Karre Tipp 90

Für den Transport von schweren oder grossen Sachen zu Fuss eignet sich ein Muli recht gut. Der ist im Grunde ähnlich wie ein Fahrradanhänger, nur das man statt einer Deichsel zwei gerade nach vorn baut, um das an beiden Seiten des Körpers mit den Händen ziehen zu können. Alles in Allem etwas niedriger , kleiner und leichter als ein Handkarren.

Wenn man sich damit auch abseits von befestigten Wegen bewegen will oder muss, sind Räder mit grossem Durchmesser von Vorteil, weil die besser über Stock und Stein kommen. Gern dürfen die auch etwas breiter sein, um nicht einzusinken.

Boot

Eine Flucht über das Wasser ist vermutlich für die meisten unwahrscheinlich. Aber nicht unmöglich. Statt hier Dinge aufzulisten, die vielen wahrscheinlich nicht weiterhelfen, erzähle ich mal eine kleine ausgedachte Geschichte. Was aber wahr ist: Ich besitze wirklich solch ein Segelboot, für mich ist das nicht ganz so unwahrscheinlich.

..:::::..

Meine Frau und meine Söhne machen Urlaub auf Wangerooge. Ich selbst komme nach, weil ich noch wichtig Arbeiten oder sonst was muss. Noch bevor ich nachreisen kann geschieht irgendwas, das auf breiter Basis ein relatives Chaos verursacht und das „normale" Leben zum erliegen kommen lässt. Auf den Strassen kommt man mit dem Auto nicht mehr durch, verstopfte und versperrte Verkehrswege, viele wollen Fliehen, an einkaufen ist nicht mehr zu denken. Auf Grund der Meldungen im Radio gehe ich davon aus, dass meine Familie die Insel nicht verlassen kann.

Ich überschlage meine Möglichkeiten und entscheide mich, mit Fahrrad und -Anhänger etliche daheim eingelagerte Nahrungsmittel, Ethanol etc. aufs Boot zu bringen. Zuhause wird alles so weit wie möglich gesichert und dann schippere ich los, über die Hunte zur Weser, hoch zur Deutschen Bucht und links ab Richtung Wangerooge. Mit etwas Glück, gutem Wind und passender Tide schaffe ich es an einem Tag.

Im Hafen der Insel entdecke ich schnell meinen Sohn, da meine mitdenkende Frau immer einen der Jungs auf Ausschau nach mir los geschickt hat. Ich lasse mir kurz die Lage schildern, gebe ihm eines der Walkietalkies, die ich glücklicherweise eingepackt habe und schicke ihn fort, die anderen beiden zu holen. Im Hafenbecken ist einiges los, viele haben die günstige Tide ausgenutzt und sind zur Insel gekommen. Da im Hotel die Versorgung einigermassen gesichert ist haben wir keine Eile, alle aufs Boot zu kommen. Ich nutze die Zeit und baue im Cockpit eine neue Notüberdachung, die unter den Grossbaum passt, denn die Kajüte ist zu klein, als das wir alle vier dort bequem liegen könnten. Zudem habe ich alle Sachen, die ich mitbrachte, erstmal einfach dort reingestellt, das will erstmal verstaut werden. Ich staue alles neu und freue mich selbst über die vor langer Zeit besorgte Netzhängematte, die ich nun in der Kajüte aufspanne und dort einiges an Nahrungsmitteln verstauen kann. Darunter ist dann noch Platz zum schlafen.

Als nach einigen Tagen das Verhältnis zwischen Leuten auf der Insel und vorhandenen Nahrungsmitteln ungünstig wird und erste Touristen anfangen, leer liegende Boote zu durchsuchen, entscheiden wir als Familie, erstmal loszuschippern, denn es gibt in der Küstennahen Nordsee einige Flächen, wo man sich auch mal trocken fallen lassen kann, wenn man längere Zeit ohne Hafen verbringen muss. Und das „grosse Geschäft" kann man mit vier Leuten ja besser im Watt erledigen als in einen Eimer auf dem Vordeck... noch nicht mal eine Seemeile rausgesegelt sehen wir einen grösseren Verbund ankernder Boote. Da unser Jollenkreuzer nicht hochseetauglich ist, wollen wir nicht weiter raus und nähern uns dem Verbund vorsichtig. Freundlich werden wir empfangen und bald liegen wir quer an einen anderen niedrigen Boot, so dass wir mehr oder weniger bequem übers Freibord aufs andere Boot kommen. Dort tauscht man schnell die letzten Neuigkeiten aus, einige haben sogar Funk an Bord und wissen was zu erzählen. Alle freuen sich, dass man neue Nahrungsmittel zum tauschen hat denn wie sich rausstellt, hat so jeder seine Vorlieben an Bord und Abwechslung ist immer gut. Meine Cockpitüberdachung nutze ich u.a. zum Auffangen von Regenwasser, wie es viele andere Boote auch tun, einige grössere Yachten haben sogar einen beachtlichen Frischwasservorrat. Der ein oder andere hat sogar Anglerglück und abends können wir gar gemeinsam frischen Fisch grillen. Ich spendiere einen Notnudelsalat mit Tubenmajonaise, einen Schuss Tomatenmark und einer Zwiebel so wie einer Gewürzgurke drin.

So verbringen wir mehrere Tage in diesem Verbund, denn wir entschieden uns, nicht über unser Haus samt Garten nachzudenken. Den Hühnern hatte ich einiges an Futter hingestellt und ausserdem mit dem Nachbarn verabredet, dass er ab und zu mal schaut. Die Eier darf er sich dafür nehmen und auch essbares aus dem Garten (bevor es ein anderer holt).

Im Radio verfolgen wir die Meldungen, dass sich die Lage immer mehr stabilisiert, vieles wird auch „privat" über Funk bestätigt.

Nach knapp zwei Wochen entscheiden wir uns fast alle, zurückzukehren und versprechen, in Kontakt zu bleiben. Zur Not per Meldekette, denn mein CB-Funk daheim kommt nicht all zu weit. Der Weg übers Wasser zurück dauert fast zwei Tage, da der Wind nicht günstig ist und ich an zwei Brücken den Mast legen muss. Da ist es aber schon nicht mehr weit nach hause. Zum Glück läuft mein 4PS-Zweitakter noch und schafft genug Schub, um mit 3-4 Knoten voran zu kommen. Im Heimathafen angekommen verbleibt wie abgemacht meine Familie erstmal auf dem Boot und ich fahre mit dem Rad zum Haus.

Zuhause ist alles halb so wild. Das Auto springt an, also hole ich meine Familie ab und so langsam beginnt wieder der alte Trott.

Fazit von allem: Gut, das ich mir vorher einige Gedanken gemacht hatte wie es wäre, wenn die Familie mal über den Wasserweg reisen muss. So hatte ich zum einen eine Art Minihausstand auf dem Boot und zum anderen einen theoretischen Plan für eine Flucht über den Wasserweg, der auch noch recht gut funktioniert hat.

..::::..

Bootführerscheine Tipp 91

Wer vielleicht nahe am Wasser wohnt und ähnliche
Möglichkeiten hat wie ich, der wägt vielleicht doch ab, ob er
sich nicht ein Boot holen soll. So eines muss ja nicht gross sein.
Es gibt schon Jollen, die auf das Autodach passen, und
gebraucht keine 200 Euro kosten.Nun die Frage: Brauche ich
extra einen Sportbootführerschein? Nur weil ich mal zum üben
und dann in einer Krise aufs Wasser will oder muss? Rechtlich
betrachtet braucht man nicht auf jeden Fall einen SBF, denn
eine Motor-Leistung von unter 15PS ist Führerscheinfrei, also
auch Boote ganz ohne Motor (Ruder-, Segelboote). Das Boot
muss auch kürzer als 15m sein, aber das spielt vermutlich keine
Rolle. Aber: Es wird soviel hilfreiches Wissen vermitttelt bei
der Vorbereitung auf die Prüfungen (See und Binnen), das
kann man auf dem Wasser immer gebrauchen:
Kollisionsverhütungsregeln (KVR), Wetterkunde, Seezeichen,
Seemannschaft usw.
Und auf dem Wasser ist es wie überall: Wenn man was falsch
macht ist man schuld. Wer also die Führerscheine nicht
machen möchte, weil es sich einfach nicht lohnt, aber dennoch
mal auf dem Wasser unterwegs sein könnte, der sollte sich die
Bücher zu den Führerscheinen holen. In der Regel gibt es zwei:
Eines für See, eines für Binnen. Es muss ja nicht die neuste
Ausgabe sein, gebraucht gibt es die für wenige Euro. Und wenn
man da mal ab und zu drin schmökert oder nachliest weil man
gerade nicht weiss, wie man sich verhalten soll, dann ist das
schon einiges wert. Ja, auch das ist preppen (aber wirklich nur
für den, der es braucht, in den Bergen macht das vermutlich
wenig Sinn).

Floß? Tipp 92

Auch in die Verlegenheit, sich ein Floss bauen zu müssen, weil man sonst nicht weiterkommt, werden die wenigsten kommen. Und so ganz simpel ist das Bauen eines Flosses auch nicht. Braucht man doch schwimmfähiges Material in ausreichender Menge. Fässer, Tonnen, Autoreifen (Schläuche). Und selbst wenn man davon einiges hat, muss man das auch noch stabil miteinander verbinden. Dazu braucht man noch eine Plattform, auf der man sich sicher bewegen kann, gross genug für alle Leute, die mit sollen. Flösse sind auch schlecht steuerbar, meist treiben die einfach mit der Strömung. Alles in Allem, ganz ehrlich: Sollte eine Krise kommen, wir sind auf der Flucht und es ist ein Wasserweg vor uns, um den wir nicht herum kommen: Bevor wir anfangen zu bauen suchen wir doch lieber, ob irgendwo am Ufer oder in der Nähe ein Ruderboot etc. liegt, welches wir verwenden können. Das spart sicher wertvolle Energie, die wir uns durch Nahrung zuführen müssen und schneller und sicherer wird es auch sein. Legal vielleicht nicht, aber wir befinden uns in einer Krise, da ist es doch fast egal, ob wir irgendwo Fässer für ein Floss mitnehmen oder gleich ein Boot (wenn es nicht anders geht). Aber ganz vielleicht kann man ja ein kleines Floß bauen, um es hinter dem Boot her zu schleppen, für Ausrüstung etc. Vielleicht holt sich ja der ganz Sorgenvolle Prepper ein günstiges Schlauchboot, nur um diese Option abgedeckt zu haben? Damit kann man ja auch einfach mal Badespass im Sommer haben, ganz ohne Krise.

Tauwerk Tipp 93

Wenn ihr mal in so einer Lage seid: Nehmt auch alles mögliche an Seile und Tauwerk mit an Bord, das kann man immmmmer gebrauchen! Und die bereits weiter vorn erwähnten Knoten so wie so.

Der Luftweg

Wenn ich Möglichkeiten über Land und über das Wasser erwähne, dann möchte ich auch den möglichen Weg durch die Luft erwähnt haben. Vermutlich noch unwahrscheinlicher als durch das feuchte Element und für die meisten auch gar nicht realisierbar, aber drüber Nachdenken kann man ja mal. Wenn es aber so weit gekommen ist, dann hat man irgend wann vorher schon nicht die beste Entscheidung getroffen...

Wie fliegt der Mensch? Tipp 94

Tja, der Traum vom Fliegen. Wenn ich hier eine Lösung für alle hätte... das einzig machbare scheint mir ein Heissluftballon zu sein. Aber dieser muss nicht nur imens gross sein und aus simplen Bettlaken lässt er sich bestimmt nicht fertigen, nein, er muss ja auch noch mit heisser Luft gefült werden. Alles so ziemlich unerreichbar. Ich würde es gar nicht erst versuchen: zu gewagt, zu aufwändig, zu wenig Erfolgversprechend, zu wenig Leute können mit (die man aber für die Fertigung braucht).

Ballon-Rechnung zum Abgewöhnen

Gängige Heissluftballone haben mindestens 3000 Kubikmeter
Volumen (eher mehr). Wenn der Ballon eine Kugel wäre, dann
hätte er so einen Durchmesser von 18 Metern und eine
Oberfläche von mehr als 1000 Quadratmetern! Ein Bettlaken
hat zwei... und die 3000 Kubikmeter Luft wollen auch noch
auf ca. 90 Grad erwärmt werden und der Ballon muss die Luft
halten, die Nutzlast muss am Ballon halten usw usf. Und mit
diesem schon riesigen Ding kann man gerade mal knapp 170
Kg Gesamtgewicht „anheben", man muss also auch das
Gewicht von Ballon, Korb etc. berücksichtigen, für die
Nutzlast bleibt dann nicht mehr viel übrig. Das sind alles
übrigens Näherungswerte für einen Bastelballon, professionelle
Ballone können durchaus mehr Last heben (um die 300g pro
Kubikmeter Hüllenvolumen).

Kleiner Ballon Tipp 94b

Einen kleinen Ballon könnte man aber vielleicht fertigen.
Dieser kann eine leichte Kamera tragen, um die fernere
Umgebung „auszukundschaften" (macht aber einen Bindfaden
dran, um den Ballon auch wieder zu bekommen), vielleicht
reicht es ja, um einen Antennendraht in die hohe, freie
Umgebung zu bringen, oder er reicht für ein
Ablenkungsmanöver? Ein grosser Müllbeutel wird aber auch
hier nicht reichen, um eine Last wie eine Kamera zu tragen.
Für einen Antennendraht könnte es reichen.

Andere luftige Ideen Tipp 95

Aber muss „Flucht durch die Luft" denn auch immer fliegen bedeuten? OK, einen Fallschirm basteln ist auch nicht trivial, aber schon eher im Bereich des Möglichen. Lasst aber auch das lieber, Aufwand und Nutzen stehen meist in keinem guten Verhältnis.

Was vielleicht schon eher in Frage kommen könnte: Irgendwo abseilen oder mit einer Art Seilbahn aus höheren Stockwerken etc. fliehen. Wer schon mal in einem Kletterwald war oder gar Bergsteiger ist, der weiss aber auch, dass man dergleichen nicht mal eben mit nem Seil und zwei Haken erledigt. Aber ich möchte das erwähnt haben, damit man vielleicht, wenn es gar nicht anders weiter geht, daran denkt. Auch hier sind gute Knoten lebenswichtig! Vielleicht packt nun der ein oder andere ein paar Meter gutes Seil neben sein Dachbodenfenster, nur um einen weiteren Fluchtweg offen zu haben... wenns geht würde ich das aber ein paar mal üben. Macht bestimmt auch Spass, aber überschätzt euch nicht! Mit einem verknacksten Fuss oder schlimmeren ist weder der Alltag noch eine Krise besser zu bewältigen. Kletterwände und -Lehrgänge gibt es aber in jeder grösseren Stadt.

Notizen:

Sicherer Ort

Manchmal kommt es so weit, dass man im eigenen Heim nicht mehr sicher ist. Die Gründe können vielfältig sein. Gasaustritt in der Gegend? Feuer? Ein Sturm? Plünderungen? Ich selber gehe erstmal davon aus, dass ich daheim bleiben kann, so lange es geht. Sollte ich doch fort müssen, dann hilft mir hoffentlich mein Fluchtrucksack (siehe „Mobilität"). Aber man weiss ja nie, und wer kein Haus samt Garten zur Verfügung hat braucht vielleicht schon eher Alternativen...

Familienabsprachen Tipp 96

Auch Verwandte oder Bekannte in relativer Nähe mit etwas mehr Platz kann man als sicheren Ort einplanen. Natürlich müssen diese eingeweiht und einverstanden sein. Aber bestimmt kann man die Kapazitäten, Fachgebiete, technische Möglichkeiten und sogar gewisse Ausrüstung unter einander absprechen und verteilen und sich so sinnvoll ergänzen. Dann muss man nur noch sehen, dass man da auch zeitig mit allem hinkommt... (siehe auch „Mobilität").

Kleingarten-Tipp 97

Habt ihr irgendwo in der Nähe eine Kleingarten-(Schrebergarten) Kolonie, ist das schon mal ein alternativer Ort. Eventuell könnt ihr euch eine Parzelle pachten? Die Kosten sind nach der Anschaffung verschwindend gering, viele Vereine nehmen keine 200 Euro pro Jahr. Der Nach- und

Vorteil zugleich: Dort ist per Satzung geregelt, dass ein Mindestteil des Grundstücks, oft ein drittel, mit Gemüse etc. bebaut werden muss. Das kann mit Kartoffeln, Karotten und Steckrüben auch gleich ein Notvorrat sein. Für den, der kein eigenes Haus samt Garten hat, auf jeden Fall ein Gedanke wert. Wer etwas ängstlich ist sollte aber bedenken: Plünderer und andere schlechte Menschen kommen bestimmt schnell auf die Idee, solche Gärten samt Lauben nach Lebensmitteln und Wertsachen zu durchsuchen. Dafür ist es aber leichter, solch eine Laube gegen Einbrüche abzusichern. Eine solide Tür mit gutem Schloss dran, den Schlüssel nicht unter der Fussmatte, vor die ein, zwei Fenster ein Gitter. Und drinnen keine Wersachen rumliegen lassen. Und draussen kein Werkzeug, mit dem man in die Hütte eindringen könnte.

Laube = Heim

Dafür ist solche ein Garten samt Laube wie ein kleines Heim: Mit der Zeit sammeln sich dort Dinge an, die einen vollständigen Hausstand darstellen. Wichtige Küchengeräte, Geschirr und Besteck, Möbel, Bettzeug und Kissen, Radio/ TV, Wechselklamotten, Werkzeug, ein Grill, Lampen, Bücher, Spiele und so weiter. Auf jeden Fall eine Umgebung, wo man es einige Zeit aushalten kann. Und durch den Prepper vorbereitet noch viel länger... Regenwasser ist so wie so immer in solchen Gärten vorhanden und die meisten Dinge brauchen noch nicht mal Strom. Viele Lauben sind auch aus ausreichend dickem Material oder gleich schon isoliert, so wird es auch im Winter nicht zu kalt.

Wald Tipp 98

Oder gibt es ein Waldstück in der näheren Umgebung? Hier kann man sich ein Eckchen suchen, das andere vielleicht noch nicht entdeckt haben und für sich entsprechend (und diskret) vorbereiten. Und sei es nur, dass man die Gegend so wie deren Möglichkeiten bei Sonntäglichen Spaziergängen auskundschaftet und kennenlernt. Vielleicht ist ja ein Graben oder ein Bachlauf in der Nähe? Ein grosser Baum samt Buschwerk, der als Versteck dienen kann?Das kann durchaus ein Vorteil sein. Natürlich würde man auch gern eine Höhle oder ähnliches in einem Hang oder Hügel für sich finden, aber hier sollte man davon ausgehen, dass auch andere diesen Ort kennen. Wenn schon, dann dort also keine sichtbaren Spuren oder schlechte Verstecke hinterlassen. Die Lage sollte auf jeden Fall eher am Waldrand sein, nicht mitten drin. Dort bekommt man nämlich gar nicht mit, was drum herum so passiert. Bei allem: Achtet die Natur, die kann für all das nichts!

Wilde Früchte Tipp 98b

Auch im Wald kann man "aus Versehen" Früchte anpflanzen, siehe vorvorherigen Tipp. Aber: Erzählt es keinem, ist sicher nicht erlaubt. Topinambur lockt auch Wildschweine an. Das kann Jäger und Landwirte verärgern. Aber vielleicht findet man ja einen Ort, wo wilde Beeren etc. wachsen. Die Stelle kann man sich auf jeden Fall merken. Wenn ihr einen Jäger kennt, dann fragt ihn mal nach einem Wildacker. Vielleicht hat er nichts dagegen, wenn ihr euch drum kümmert. Und er kann euch auch erklären, was das ist.

Notvorrat ausser Haus Tipp 99

Für Garten und Wald gilt: Man kann sich ein Versteck in der Erde anlegen. Mehr oder weniger heimlich ein ausreichendes Loch graben und dort gut versiegelt Vorräte und Ausrüstung hinterlegen. Ordentlich in Beutel und Folie eingewickelt, mit Klebeband abgedichtet, kommt dort weder Wasser noch Getier rein und nur ihr wisst, wo sich „euer Schatz" befindet. Oben drauf wieder die Grasnarbe oder ein flachwurzelnder Busch und fertig. Eine Beispielliste von Dingen, die man bevorraten sollte, habe ich unter „Ausrüstung" notiert. In einem Waldnoterdversteck muss es ja nicht ganz so umfangreich sein, soll ja nur für die Not in der Not sein. Seit sparsam mit Metallteilen im Vorrat. Nicht, dass ein Goldsucher oder Bombenentschärfungstrupp euren Vorrat ausbuddelt oder gleich sprengt. Paketschnur aber nicht vergessen :-)
Denkt auf jeden Fall hier dran, wenn euch jemand ertappt, der da was gegen hat: Ich hab euch nicht angestiftet, nur Tipps und Denkanregungen gegeben! In jedem Bundesland gelten andere Regeln bzgl. der Nutzung freier Flächen, Wälder, etc. Bitte gegebenenfalls ausreichend informieren, bevor ihr mit dem Buddeln loslegt.

Nachwort

Der hundertste Tipp: Das Wort zum Sonntag

Ich persönlich gehe wie schon erwähnt von einer Krisendauer von vielleicht zwei bis vier Wochen aus. Entweder in diesem Zeitraum hat sich einiges wieder geregelt und beginnt, sich zu normalisieren oder man muss die ganze Situation langsam aber sicher komplett neu überdenken. Soweit will und kann ich aber nicht voraus schauen. Man kann sich damit ja auch verrückt machen, und der gewöhnliche Alltag ist mitunter schon verrückt genug. Sollte doch die von einigen Seiten oft beschworene „Endzeit" beginnen und ich lebe dann noch, wird mir mein Büchlein und irgend welche Vorräte vermutlich auch nicht lange weiterhelfen. Dann käme je nach dem der nächste Schritt, aber wer weiss das schon... man kann ja, wenn der Ascheregen fällt und die Sonne sich verdunkelt, einfach zu singen anfangen. Schaden wird es bestimmt nicht, bevor der Mensch wieder zum Tier wird. Lasst euch aber nicht zu sehr verwirren von dem, was da kommen könnte. Wenn ihr das Buch bis hierhin gelesen habt und einiges davon verstanden, dann seid ihr schon mal ein ganzes Stück besser vorbereitet als andere. Ihr müsst nicht sofort loslegen und Hamsterkäufe machen. Denkt über alles in Ruhe nach, informiert euch über Themen, die euch (nun) besonders interessieren oder feilt noch etwas an eurem grünen oder handwerklichen Daumen.

Vermutlich seht ihr den ein oder anderen Punkt anders als ich, was ja auch nicht schlimm ist. Findet eure Schwerpunkte und macht einfach das beste draus. Selbst das Zweitbeste ist aber

immer noch besser als gar nichts, denn das Thema „Krise"
sollte man leider nicht einfach ignorieren.

Wichtig ist: Lebt euer Leben, ihr habt nur dieses eine! Und deswegen für alle zum Mitsingen Tipp 101:

Wie eine Blume am Winterbeginn,
so wie ein Feuer im eisigen Wind,
wie eine Puppe, die keiner mehr mag,
fühl ich mich an manchem Tag.

Dann seh ich die Wolken, die über uns sind,
und höre die Schreie der Vögel im Wind.
Ich singe aus Angst vor dem Dunkeln mein Lied,
und hoffe, dass nichts geschieht.

Ein bisschen Frieden, ein bisschen Sonne
für diese Erde, auf der wir wohnen.
Ein bisschen Frieden, ein bisschen Freude,
ein bisschen Wärme, das wünsch ich mir.

Ein bisschen Frieden, ein bisschen Träumen
und dass die Menschen nicht so oft weinen.
Ein bisschen Frieden, ein bisschen Liebe,
dass ich die Hoffnung nie mehr verlier'.

Ich weiss, meine Lieder, die ändern nicht viel,
ich bin nur ein Mädchen, das sagt, was es fühlt.
Allein bin ich hilflos, ein Vogel im Wind,
der spürt, daß der Sturm beginnt.

Ein bisschen Frieden, ein bisschen Sonne
für diese Erde, auf der wir wohnen.
Ein bisschen Frieden, ein bisschen Freude,
ein bisschen Wärme, das wünsch ich mir.

Ein bisschen Frieden, ein bisschen Träumen
und dass die Menchen nicht so oft weinen.
Ein bisschen Frieden, ein bisschen Liebe,
dass ich die Hoffnung nie mehr verlier' .

Sing mit mir ein kleines Lied,
dass die Welt im Frieden lebt.

Ende gut, alles gut.